W0248050

Marie-Luise Varga
Gertrude Schachner · Irmgard Thonhauser · Maria Tscharf

Brotaufstriche

pikant · würzig · leicht

ISBN 3-902191-46-5

© Firmensitz: Kneipp-Verlag, Kunigundenweg 10, A-8700 Leoben
Zweigstelle: Lobkowitzplatz 1, 1010 Wien

Autoren: Marie-Luise Varga
Gertrude Schachner
Irmgard Thonhauser
Maria Tscharf

Fotos, Grafik, technische Bearbeitung: Hubert Liebenberger, Kneipp-Verlag

Druck: Druckerei Theiss GmbH, A-9431 St. Stefan

1. Auflage

Leoben, Juni 2003

Marie-Luise Varga
Gertrude Schachner · Irmgard Thonhauser · Maria Tscharf

Brotaufstriche

pikant · würzig · leicht

Inhalt

Verwendete Abkürzungen:

EL .... Esslöffel
KL ..... Kaffelöffel
TL .... Teelöffel
Msp. .. Messerspitze
kl. .... klein
l .... Liter
g .... Gramm
Pkg. ...... Packung

Aufstriche mit Tofu

Aufstriche mit Käse

Vegetarische Aufstriche

Süße Aufstriche

Vorwort

Liebe Leserin, lieber Leser, gestatten Sie uns, dass wir uns und unseren Arbeitsplatz, die HBLA Leoben, kurz vorstellen.

Die Höhere Bundeslehranstalt für wirtschaftliche Berufe in Leoben ist eine moderne, innovative Schule mit einem breiten Ausbildungsspektrum. Der Ausbildungsschwerpunkt „Gesundheits- und Ernährungsmanagement" vermittelt den Schülern, den Menschen als Ganzes von „Körper, Geist und Seele" zu erfassen. Dazu wird in den Bereichen Körperbewusstsein, Gesundheitstraining, Gesundheitsvorsorge, Konfliktmanagement und Ernährung sehr großer Wert auf das Sammeln von praktischen Erfahrungen gelegt.

Wir unterrichten an der HBLA Leoben die Fächer Küche, Service und Betriebsorganisation, Computerunterstützte Küchenorganisation sowie Ernährung und Gastronomische Fachpraxis.

Der Kneipp-Aktiv-Club ist unser langjähriger Kooperationspartner bei verschiedenen Projekten und so ist die Idee gereift, mit den Schülern und den Lehrern der Abteilung „Ernährung und Gastronomie" eine Kochbuchreihe herauszugeben.

Im Rahmen dieser Kochbuchreihe haben wir gemeinsam mit Frau Marie-Luise Varga vorliegendes Buch geschrieben. Von Frau Varga stammen die tollen Aufstrichrezepte, die von uns mit 9 Schülern vom IV. Jahrgang B mit dem Ausbildungsschwerpunkt „Gesundheits- und Ernährungsmanagement zubereitet und Nährwert-berechnet wurden.

Bedanken möchten wir uns auch bei allen Kolleginnen, die uns bei der Zubereitung der Aufstriche, beim Einkauf der Lebensmittel sowie mit Rat und Tat unterstützt haben.

Wir sehen das Kochen bzw. den Kochunterricht als Gegengewicht zur kulinarischen Belanglosigkeit unserer Zeit und hoffen mit diesem Buch einen Beitrag dafür geleistet zu haben.

Gertrude Schachner
FOL. Gertrude Schachner, Fachvorstand

Maria Tscharf
Maria Tscharf, Fachoberlehrer

Irmgard Thonhauser
Irmgard Thonhauser, Fachoberlehrer

Für die Praxis

Überraschen Sie, liebe Leserin oder lieber Leser, Ihre Freunde, Gäste oder die eigene Familie mit den einfach herzustellenden und günstigen Brotaufstrichen, die ich für Sie in diesem Buch zusammengestellt habe.

Diese köstlichen Brotaufstriche sollen den viel geplagten Hausfrauen und gestressten Müttern, besonders auch den vielen Berufstätigen, die so wenig wertvolle Zeit für sich selbst haben, helfen, im Nu etwas fürs Abendessen zu zaubern, um dadurch mehr Zeit für ihre Familie und Gäste zu haben.

Das kann ich aus eigener Erfahrung sagen, da ich für Empfänge und Partys, die mein Mann in seiner aktiven Zeit als Universitätsprofessor immer wieder gegeben hat, unzählige Sandwichs zubereitet habe, die bei den Gästen stets bestens angekommen sind.

Üblicherweise nehmen Autoren von Kochbüchern keine Rücksicht auf den Geldbeutel der Köchin bzw. deren Familie. Die Rezepte in diesem Kochbuch hingegen berücksichtigen, dass unsere Zeit vielen Menschen Sparsamkeit abverlangt. So werfe ich selbst Reste selten weg, sondern verarbeite sie lieber; z. B. zaubere ich daraus einen köstlichen Aufstrich. Meine Rezepte stellen daher eine gelungene Symbiose aus Köstlichkeit und Sparsamkeit dar.

Erlauben Sie mir bitte noch schnell eine kurze Rückblende: Von meiner frühesten Jugend an hatte ich Freude am Kochen. Als kleines Mädchen schon kochte ich auf einem kleinen, blank geputzten Kinderherd für meine Puppen. Viel später, als noch unerfahrene Frau, probierte ich vieles aus und kreierte auf diese Weise zahlreiche neue Gerichte.

Viele meiner eigenen Kreationen, aber auch viel Bemerkenswertes und Beliebtes finden Sie in diesem Buch, und Sie werden sehen, wie man

aus wenig viel

machen kann.

Viel Freude und gutes Gelingen wünscht Ihnen Ihre

Marie-Luise Varga

Zum Geleit

Kaum findet man ein so umfangreiches Aufstrich-Angebot wie in diesem Buch. Die Basis der Aufstriche sind vorwiegend Butter, Topfen, Frischkäse und Gervais und die Zutaten sind vielfältig. So gibt es eine Fülle von Aufstrichen mit Schinken und Wurst, mit Käse, mit Ei, mit Fisch, aber auch mit Tofu. Abgerundet wird das Angebot mit vegetarischen Aufstrichen, bei denen verschiedenste Gemüsesorten und Kräuter zum Einsatz kommen. Nachdem auch süße Aufstriche sehr beliebt sind, findet man auch hier noch einige Anregungen, um Naschkatzen den Griff zum Brot zu erleichtern.

Alle Aufstriche im vorliegenden Buch sind Nährwert-berechnet. Eine Portion Aufstrich (= 50 g) ist für zwei Stück Brote. Aufgrund des Gehaltes an Fett, Cholesterin und Natrium sind alle Rezepte auch noch zusätzlich bewertet.

Nährwerte pro Portion Grün markierte Rezepte sind ernährungsphysiologisch sehr wertvoll. Sie haben einen niedrigen Fettgehalt (bis 10 g pro Portion), nur bis 60 mg Cholesterin und bis 100 mg Natrium pro Portion. Diese Aufstriche eignen sich besonders für alle Personen, die abnehmen möchten, aber auch für Personen die Probleme mit ihrem Fettstoffwechsel haben.

Nährwerte pro Portion Orange markierte Rezepte enthalten pro Portion zwischen 11 und 15 g Fett und/oder zwischen 60 und 100 mg Cholesterin und/oder zwischen 100 und 200 mg Natrium.

Nährwerte pro Portion Rot markiert wird ein Rezept, wenn entweder der Fettgehalt, Cholesteringehalt oder auch der Natriumgehalt zu hoch ist. Fettreich bedeutet, dass der Gehalt an Gesamtfett pro Portion über 16 g liegt. Sehr hoch an Cholesterin ist ein Aufstrich, wenn der Gehalt über 100 mg pro 50 g ist und ein hoher Gehalt an Natrium liegt ab einer Portionsmenge von 200 mg vor.

Diese rot markierten Rezepte sollten eher selten auf dem Speiseplan stehen, sie sollten auf alle Fälle von Personen mit starkem Übergewicht und mit Fettstoffwechselstörungen gemieden werden.

Liegt der Natriumgehalt über 200 mg pro Portion, sollten diese Aufstriche auch von Personen, die aufgrund einer ärztlichen Verordnung eine natriumarme Kost einhalten müssen, gemieden werden.

Brote mit diversen Aufstrichen sind ideal fürs Frühstück, aber natürlich auch für jede Zwischenmahlzeit und eignen sich auch als Hauptmahlzeit. Hier sollten sie durch zusätzliches Gemüse, wie Tomaten, Gurken oder auch Paprika ergänzt werden. Alle Aufstriche können sehr schnell zubereitet werden und entsprechen so dem Trend zur schnellen Küche.

Ernährungsphysiologisch besonders wertvoll werden die Aufstrichbrote, wenn Vollkornbrot als Grundlage gewählt wird, da dieses noch zusätzlich Ballaststoffe, Vitamine und Mineralstoffe liefert. Durch die Vielzahl der Brotsorten und der im Buch angeführten Aufstriche kommt Abwechslung auf den Tisch!

Univ.-Doz. Mag. Dr. Ingrid Kiefer

Institut für Sozialmedizin der Universität Wien

Schinken-Kren-(Meerrettich)-Aufstrich

6 Portionen

150 g Beinschinken
3 KL milder Apfelkren (-meerrettich) aus dem Glas
2 Eier
50 g Frischrahmkäse (mit Kräutern) 45 % F. i. T.
Pfeffer aus der Mühle
einige Tropfen Tabasco
1 Prise Salz

1. Den Beinschinken von Fetträndern befreien und fein faschieren (hacken).
2. Die Eier hart kochen, kalt abschrecken, schälen und klein schneiden.
3. Unter den gehackten Schinken die Eier, den Apfelkren und den Frischrahmkäse rühren. Zum Schluss mit den Gewürzen aromatisch abrunden.

Dekorationsvorschlag:

Paprika edelsüß und Schnittlauchröllchen.

Nährwerte pro Portion (50 g):	
Energie:	106 kcal / 439 kJ
Eiweiß:	8,6 g
Fett:	6,9 g
Kohlenhydrate:	0,3 g
Broteinheiten:	0,03
Ballaststoffe:	0,1 g
Cholesterin:	103 mg
Natrium:	307 mg
Kalzium:	37 mg
Vitamin A:	0,071 mg
Vitamin E:	0,3 mg
Purin:	13 mg
Vitamin C:	0 mg

Schinken-Aufstrich

7 Portionen

250 g magerer Schinken (Press-Schinken, Toastschinken oder Beinschinken ohne Fettrand)
100 g weiche Butter
1 EL Portwein
1 EL Cognac
1 kräftige Prise Pastetengewürz
1 Prise Salz
frisch gemahlener Pfeffer
1 Prise Chiligewürz
2 – 3 Tropfen Tabasco

1. Mit dem Mixer Butter, Portwein und Cognac flaumig rühren.
2. Den Schinken in Stücke schneiden und mit der feinen Scheibe des Fleischwolfes faschieren (sehr fein hacken). Die Schinkenmasse mit der Buttermasse verrühren.
3. Mit Pastetengewürz, Salz, Pfeffer, Chiligewürz und Tabasco pikant abschmecken.

Dekorationsvorschlag:

Bestrichene Sandwichscheiben nach Geschmack mit gehackter Kresse, Schnittlauch oder Dille bestreuen.

Tipp:

Einige Tropfen Zitronensaft darunter mischen.

Wenn man Fett sparen will, verwendet man Halbfettbutter.

Nährwerte pro Portion (50 g):	
Energie:	204 kcal / 854 kJ
Eiweiß:	7,4 g
Fett:	17,5 g
Kohlenhydrate:	0,4 g
Broteinheiten:	0,03
Ballaststoffe:	0 g
Cholesterin:	64 mg
Natrium:	385 mg
Kalzium:	6 mg
Vitamin A:	0,101 mg
Vitamin E:	0,4 mg
Purin:	17 mg
Vitamin C:	0 mg

Limetten-Schinken-Topfen-(Quark)-Aufstrich

8 Portionen

1. Topfen mit dem Mixer in einer Plastikschüssel gut verrühren, weiche Butter dazugeben und alles gut vermischen.
2. Den Schinken erst längs in Streifen und dann quer in feine Würfel schneiden. Mit einem Holzlöffel unter die Topfen-Butter-Mischung heben.
3. Die Schalotte schälen, waschen, fein hacken und mit Crème fraîche und dem Dotter unter die Mischung rühren.
4. Gemahlene Nüsse darunter mischen.
5. Ein kleines Stück Parmesan darüber reiben und mit allen Gewürzen abschmecken. Nach Geschmack mit gehacktem Schnittlauch garnieren.

Tipp:

Dieser Aufstrich passt zu Schwarz- und Weißbrot.

250 g Topfen (Quark), 10 % F. i. T.
30 g weiche Butter
50 g gekochter, in Würfel geschnittener Schinken (Pressschinken)
20 g Schalotte
1 Dotter (Eigelb)
2 EL Crème fraîche
1 EL gemahlene Nüsse (evtl. in etwas Fett angeröstet)

Gewürze:
weißer Pfeffer · Salz
etwas Limettensaft
etwas geriebener Parmesan

Nährwerte pro Portion (50 g):	
Energie:	103 kcal / 430 kJ
Eiweiß:	6 g
Fett:	7,4 g
Kohlenhydrate:	1,7 g
Broteinheiten:	0,14
Ballaststoffe:	0 g
Cholesterin:	59 mg
Natrium:	79 mg
Kalzium:	39 mg
Vitamin A:	0,063 mg
Vitamin E:	0,3 mg
Purin:	4 mg
Vitamin C:	0 mg

Salami-Aufstrich

10 Portionen

1 Pkg. Frischkäse mit feinen Kräutern (200 g), 45 % F. i. T.
2 kleine süß-saure Gewürzgurken (50 g)
1/2 roter und 1/2 grüner Paprika
2 Eier
40 g in Scheiben geschnittene Salami
1 gepresste Knoblauchzehe
1 Prise Cayennepfeffer
1 kleine Prise Salz
4 – 5 Tropfen Tabasco
3 – 4 Tropfen Worcestersoße
etwas Zitronensaft

1. Die Eier hart kochen (8 – 10 Minuten).
2. Die Gewürzgurken klein hacken.
3. Paprika rot und grün halbieren, Kerne, Stängel und Zwischenhäute entfernen, waschen, abtupfen und in ganz kleine Würfel schneiden.
4. Die Salamischeiben ebenfalls in kleine Würfel schneiden.
5. Alle Zutaten in eine Schüssel geben, den Frischkäse hinzufügen, mit einem Schuss Zitronensaft und allen anderen Gewürzen abschmecken und vermengen.

Dekorationsvorschlag:

Mit einigen Schnittlauchröllchen und edelsüßem Paprika bestreuen.

Tipp:

Wer möchte, kann die Gewürzgurken schälen.

Nährwerte pro Portion (50 g):	
Energie:	62 kcal / 260 kJ
Eiweiß:	4,8 g
Fett	4,1 g
Kohlenhydrate:	1,1 g
Broteinheiten:	0,09
Ballaststoffe:	0,4 g
Cholesterin:	57 mg
Natrium:	156 mg
Kalzium:	66 mg
Vitamin A:	0,106 mg
Vitamin E:	0,6 mg
Purin:	4 mg
Vitamin C:	22 mg

Zungen-Aufstrich

11 Portionen

1 kleine geräucherte Kalbszunge (ca. 400 g)
1 1/2 l Wasser
1/2 Bund Suppengrün
8 Korianderkörner
10 schwarze Pfefferkörner
1 großes Lorbeerblatt
2 Pimentkörner
1/4 Stück Zwiebel
1 – 2 Nelken
2 Wacholderbeeren
1/2 Blatt Anisstern

Zum Würzen:

2 EL Sandwichgurkenscheiben (40 g) · 2 EL Portwein
1 Prise Chiligewürz, gemahlen
3 Tropfen Tabasco, rot
2 – 3 EL Frischrahmkäse 65 % F. i. T. (50 g)
1 EL Mayonnaise 25 % Fett (15 g)
20 g weiche Butter

Nährwerte pro Portion (50 g):	
Energie:	96 kcal / 402 kJ
Eiweiß:	6,6 g
Fett:	6,6 g
Kohlenhydrate:	1,7 g
Broteinheiten:	0,13
Ballaststoffe:	0,1 g
Cholesterin:	41 mg
Natrium:	795 mg
Kalzium:	15 mg
Vitamin A:	0,027 mg
Vitamin E:	0,1 mg
Purin:	18 mg
Vitamin C:	0 mg

1. 1 1/2 l Wasser mit Suppengrün, Koriander- und Pfefferkörnern, Lorbeerblatt, Pimentkörnern, Nelken, Wacholderbeeren, einem Stück Zwiebel und 1/2 Blatt Anisstern zum Kochen bringen.
2. Die Kalbszunge waschen und in der gewürzten Flüssigkeit gut 1 1/4 – 1 1/2 Stunden köcheln und auskühlen lassen.
3. Die Haut von der ausgekühlten Zunge abziehen, anschließend die Zunge grob in Stücke zerteilen.
4. Die Zungenstücke mit grob gehackten Sandwichgurkenscheiben, Mayonnaise und Frischrahmkäse im Messermixer pürieren.
5. Butter mit Portwein schaumig rühren, das Zungenpüree darunter mischen.
6. Mit allen Gewürzen pikant würzen und abschmecken.
7. Dekorieren kann man den Aufstrich mit einigen Wild-Preiselbeeren.

Dekorationsvorschlag:

Etwas gehackte Dille oder Petersilie im Hackmixer mit verarbeiten oder die einzelnen Sandwichs mit Dillspitzen oder Petersilie bestreuen.

Tipp:

Dieser Aufstrich passt besonders gut zu allen dunklen Brotsorten und Knäckebrot.

Hinweis:

Das Kochwasser nicht salzen, durch das Räuchern ist dieses bereits vorhanden.

Wurst-Aufstrich

9 Portionen

1. Von den Fleischwürsten die Haut abziehen und die Würste grob zerschneiden.
2. Die Paprika putzen, waschen, halbieren, Stängel, Innenhäute und Kerne entfernen und grob zerkleinern.
3. Die Tomaten abtropfen lassen, mit Küchenpapier abtupfen und 1-mal durchschneiden.
4. Die Oliven und Knoblauchzehen abtropfen lassen und 1-mal durchschneiden.
5. Die Paprika-, Tomaten-, Oliven-, Knoblauchstücke und Röstzwiebeln mit dem Pürierstab hacken. Die Masse in ein anderes Gefäß umfüllen.
6. Anschließend die Wurststücke im Cutter fein faschieren. Die Wurst immer nur ganz kurz faschieren und immer wieder neu beginnen, da die Masse sich sonst zu stark erwärmt.
7. Die Butter mit Sambal Oelek, Salz, frisch gemahlenem Pfeffer und Mango Chutney glatt rühren.
8. Alle faschierten Zutaten mit der Wurst zur gewürzten Butter geben und alles gut vermengen und verrühren.

Dekorationsvorschlag:

Gehackte Gewürzgurke und edelsüßer Paprika oder fein gehackte oder geschnittene Oliven.

Tipp: Dieser Aufstrich schmeckt besonders gut auf dunklem Brot.

2 Knacker (Fleischwurst), (300 g)
30 g weiche Butter
1/2 kleiner roter Paprika
1/2 kleiner grüner Paprika
2 getrocknete in Öl eingelegte Tomaten (abgetropft)
4 mit Paprika gefüllte grüne Oliven
2 in Essigwasser eingelegte Knoblauchzehen
1 KL Röstzwiebeln (fertig gekauft)
1/2 Msp. Sambal Oelek (nach Geschmack etwas mehr)
Pfeffer aus der Mühle
1 Msp. Mango Chutney
1 kleine Prise Salz

Nährwerte pro Portion (50 g):

Energie:	125 kcal / 525 kJ
Eiweiß:	6,9 g
Fett:	9,8 g
Kohlenhydrate:	0,9 g
Broteinheiten:	0,07
Ballaststoffe:	0,3 g
Cholesterin:	31 mg
Natrium:	363 mg
Kalzium:	10 mg
Vitamin A:	0,065 mg
Vitamin E:	0,3 mg
Purin:	17 mg
Vitamin C:	83 mg

Ei-Speck-Aufstrich

10 Portionen

4 Eier
70 g in dünne Scheiben geschnittener Hamburgerspeck (geräucherter Speck)
1 – 2 gekochte Kartoffeln (100 g)
1/2 – 1 Zwiebel (50 g)
1 EL Schnittlauchröllchen
1 Knoblauchzehe
4 – 5 Tropfen Worcestersoße
3 – 4 Tropfen Tabasco
einige Tropfen Zitronensaft
Salz
1 Msp. etwas schärferer Senf
1 Prise Curry
1 Prise gemahlener Cayennepfeffer
1 Prise Paprika, edelsüß

1. Die Eier 10 – 12 Minuten hart kochen, kalt abschrecken, schälen und grob zerteilen.
2. Die Zwiebel schälen, halbieren und grob zerkleinern.
3. Den Speck und die Knoblauchzehe grob schneiden.
4. Die Kartoffeln schälen und in Stücke schneiden.
5. Die zerteilten Eier, den Speck, die Zwiebel, den Schnittlauch, den Knoblauch und die Kartoffeln der Reihe nach hacken (oder alle Zutaten im Cutter pürieren) und miteinander vermengen.
6. Mit allen Gewürzen pikant würzen und abschmecken.

Tipp:

Dieser Aufstrich wird mit edelsüßem Paprika bestreut und passt zu Schwarzbrot.

Hinweis:

Beim Speck harte Ränder entfernen!

Nährwerte pro Portion (50 g):	
Energie:	96 kcal / 409 kJ
Eiweiß:	4,2 g
Fett:	7,3 g
Kohlenhydrate:	2,5 g
Broteinheiten:	0,20
Ballaststoffe:	0,4 g
Cholesterin:	102 mg
Natrium:	118 mg
Kalzium:	19 mg
Vitamin A:	0,058 mg
Vitamin E:	0,3 mg
Purin:	2 mg
Vitamin C:	3 mg

Aufstrich mit Grammeln (Grieben)

6 Portionen

1. Die Grammeln im Hackmixer faschieren.
2. Die Zwiebel schälen, sehr fein hacken oder schneiden, den Käse zerbröseln (oder reiben) und mit der Grammelmasse weiter faschieren.
3. Alle fein faschierten Zutaten in eine Schüssel geben, mit Topfen oder Gervais, Senf, Williams Schnaps und Gewürzen vermengen. Die Masse gut abschmecken und bis zum Anrichten kühl stellen.
4. Mit Schnittlauchröllchen garnieren.

Tipp:

Passt gut zu Knäckebrot und allen groben Schwarzbrotarten.

Hinweis:

Der Aufstrich hält ca. 3 – 4 Tage.

100 g Grammeln (Grieben)
1 Zwiebel (70 g) oder Schalotte
2 TL Williams Schnaps
90 g Topfen (Quark), 20 % F. i. T. oder Gervais
30 g in Stücke geschnittener weicher Gouda
1 KL Senf
1 kräftige Prise gemahlener Cayennepfeffer
1 Prise Salz
3 – 4 Tropfen Worcestersoße
3 – 4 Tropfen Tabasco

Nährwerte pro Portion (50 g):	
Energie:	141 kcal / 594 kJ
Eiweiß:	4,7 g
Fett:	12,1 g
Kohlenhydrate:	2,3 g
Broteinheiten:	0,20
Ballaststoffe:	0,3 g
Cholesterin:	18 mg
Natrium:	54 mg
Kalzium:	63 mg
Vitamin A:	0,025 mg
Vitamin E:	0,1 mg
Purin:	4 mg
Vitamin C:	1 mg

Hühnerleber-Aufstrich

10 Portionen

350 g Hühnerleber
1 kleine rote Zwiebel (40 g)
2 EL Maiskeimöl
etwas geriebene Schale einer unbehandelten, gewaschenen Bio-Zitrone
1/4 TL Majoran
Pfeffer aus der Mühle
1 Prise Salz
1 Msp. Pastetengewürz
1 Prise Chiligewürz
Zwiebel aus der Zwiebelmühle
1 EL Zitronensaft
1 EL Cognac
2 EL Schlagobers (-sahne)
1 kleine Pkg. Gervais, 45 % F. i. T. (75 g)
60 g weiche Butter
1 TL gehackte Petersilie

Nährwerte pro Portion (50 g):

Energie:	143 kcal / 598 kJ
Eiweiß:	8,4 g
Fett:	10,5 g
Kohlenhydrate:	0,7 g
Broteinheiten:	0,07
Ballaststoffe:	0,2 g
Cholesterin:	195 mg
Natrium:	39 mg
Kalzium:	33 mg
Vitamin A:	3,938 mg
Vitamin E:	1,1 mg
Purin:	39 mg
Vitamin C:	10 mg

1. Die Zwiebel schälen, klein hacken und in Öl goldgelb anrösten lassen.
2. Die Leber kalt abbrausen, abtropfen lassen, auf Küchenpapier legen, abtupfen, von allen Häuten und Sehnen befreien, in kleine Stücke schneiden und mit der Zwiebel gut durchbraten lassen. Mit allen Gewürzen, Zitronensaft, Cognac und Schlagobers abschmecken und auskühlen lassen.
3. Die ausgekühlte, gut gewürzte Leber in Etappen in einen Hackmixer geben und pürieren.
4. Die weiche Butter mit dem Gervais schaumig rühren. Dann mit der faschierten Leber (Lebercreme) gut vermischen und nochmals abschmecken.
5. Nach Bedarf den Leber-Aufstrich extra noch durch ein feines Haarsieb streichen.

Dekorationsvorschlag:

Sehr dekorativ sehen die Sandwichs aus, wenn sie mit Preiselbeeren oder rosa Pfeffer (nicht scharf) gemahlen oder im Ganzen und mit Schnittlauchröllchen (Petersilie) bestreut werden.

Tipp:

Dieser Aufstrich eignet sich für alle Brotarten.

Puten-Aufstrich

8 Portionen

200 g Putenbrust, gebraten
60 g weiche Butter
2 Pkg. Gervais, 45 % F. i. T. (125 g)
1 EL Marsala (Wein)
etwas Zitronensaft
1/4 TL Mango Chutney mild
1 TL Röstzwiebeln (fertig gekauft)
3 – 4 Tropfen Tabasco
Pfeffer aus der Mühle
2 – 3 Tropfen Worcestersoße
1 Msp. flüssiger Honig
1 Prise Chiligewürz

Nährwerte pro Portion (50 g):	
Energie:	100 kcal / 417 kJ
Eiweiß:	4,6 g
Fett:	7,8 g
Kohlenhydrate:	1,6 g
Broteinheiten:	0,14
Ballaststoffe:	0,2 g
Cholesterin:	29 mg
Natrium:	63 mg
Kalzium:	50 mg
Vitamin A:	0,123 mg
Vitamin E:	0,5 mg
Purin:	5 mg
Vitamin C:	1 mg

1. Die Putenbrust (von Fetträndern befreien) halbieren, würfeln, grob schneiden und durch die feine Scheibe des Fleischwolfes drehen oder im Messermixer faschieren.
2. Die Butter schaumig rühren, den Gervais und die faschierte Putenbrust darunter mischen. Etwas Zitronensaft, Marsala, Honig, etwas zerkleinerten Röstzwiebeln sowie Mango Chutney unter die Putenmasse heben.
3. Mit den Gewürzen gut abschmecken und bis zur Verwendung in den Kühlschrank stellen.

Dekorationsvorschlag:

Für Canapés eignen sich halbierte oder geviertelte Cocktailkirschen besonders gut.

Tipp:

Dieser würzige Aufstrich eignet sich besonders gut für alle Weißbrotarten.

Selchfleisch-(Rauch-)-Aufstrich

12 Portionen

1. Das Selchfleisch sehr klein schneiden und im Hackmixer mit der Butter nach und nach pürieren.
2. Die Eier hart kochen, kalt abschrecken, schälen und sehr fein hacken.
3. Die Gewürzgurken in sehr kleine, feine Würfel schneiden, die Oliven halbieren oder in feine Streifen schneiden.
4. Mit Chilipulver, Cayennepfeffer, gemahlenem Zitronengras, Ingwer und etwas Zwiebel aus der Zwiebelmühle kräftig abschmecken.

300 g Selchfleisch (Rauch-), (Teilsames, essfertig)
8 entkernte, grüne Oliven (oder grüne mit Paprika gefüllte Oliven)
125 g weiche Butter
3 Eier
2 süßsaure, geschälte Gewürzgurken (50 g)
1 kräftige Prise Chilipulver
1 Prise Cayennepfeffer
1 Prise gemahlenes Zitronengras
1 Prise gemahlener oder frisch geriebener Ingwer
etwas Zwiebel aus der Zwiebelmühle

Tipp:

Fett sparen kann man, indem man Halbfettbutter verwendet.

Hinweis:

Salz ist wegen des geräucherten Fleisches nicht nötig!

Nährwerte pro Portion (50 g):	
Energie:	161 kcal / 673 kJ
Eiweiß:	7,4 g
Fett:	13,6 g
Kohlenhydrate:	0,4 g
Broteinheiten:	0,04
Ballaststoffe:	0,2 g
Cholesterin:	105 mg
Natrium:	363 mg
Kalzium:	18 mg
Vitamin A:	0,109 mg
Vitamin E:	0,5 mg
Purin:	13 mg
Vitamin C:	0 mg

Gefülltes Weißbrot

11 Portionen

300 g Geselchtes (Rauchfleisch), gekocht
100 g Press-Schinken
50 g Parmesan, gerieben
100 g weiche Butter

Gewürze:

1 kleine Prise Salz
1 KL Senf
Pfeffer
1 EL gehackte Petersilie
500 g Sandwichwecken (oder Sandwichtorte vom Bäcker extra gebacken)

Nährwerte pro Portion (50 g):	
Energie:	276 kcal / 1.155 kJ
Eiweiß:	12,8 g
Fett:	14,1 g
Kohlenhydrate:	22,1 g
Broteinheiten:	1,84
Ballaststoffe:	1,3 g
Cholesterin:	56 mg
Natrium:	639 mg
Kalzium:	78 mg
Vitamin A:	0,086 mg
Vitamin E:	0,4 mg
Purin:	24 mg
Vitamin C:	0 mg

1. Das Geselchte und den Schinken im Fleischwolf faschieren.
2. Mit Petersilie, Salz, Pfeffer und Senf würzen.
3. Butter zerschmelzen lassen und mit dem Parmesan zur Fleisch-Masse geben.

Tipp:

Diese Fleischmasse eignet sich sehr gut zum Füllen von Kastenweißbrot.

Dazu nimmt man vom Inneren des Brotes einen Teil heraus, füllt das Weißbrot, drückt die Masse in die Höhlung hinein, wickelt eine Folie fest herum und stellt das gefüllte Brot einige Stunden in den Kühlschrank. Danach lässt sich das gefüllte Weißbrot recht gut in Scheiben schneiden und anrichten.

Hinweis:

Da das Rauchfleisch (Geselchtes) durch das Räuchern salzig ist, kann man das Salz weglassen.

Andalusischer Aufstrich

7 Portionen

1 Dose Corned Beef (150 g)
80 g Gouda, gerieben
1 Dotter (Eigelb)
1 kl. Schalotte (40 g)
8 – 10 kernlose Oliven
1 – 2 EL Tomatenketchup
etwas Zitronensaft
1 Prise gemahlener Ingwer
1 Prise Salz
Pfeffer aus der Mühle
Paprika, edelsüß

1. Corned Beef und Dotter in eine Schüssel geben und mit einem Quirl fest zerstampfen.
2. Den Käse fein reiben oder im Messermixer zerkleinern.
3. Die Schalotte schälen und mit den Oliven ganz fein schneiden.
4. Dann mit der Corned-Beef-Masse vermengen.
5. Mit Tomatenketchup, Zitronensaft, gemahlener Ingwer, Salz, Pfeffer und Paprika abschmecken.

Tipp:

Einfach und schnell zubereitet!

Sollte der Aufstrich zu trocken sein, einfach einige Tropfen Sahne dazugeben.

Nährwerte pro Portion (50 g):	
Energie:	95 kcal / 397 kJ
Eiweiß:	8,2 g
Fett:	6 g
Kohlenhydrate:	1,7 g
Broteinheiten:	0,13
Ballaststoffe:	0,2 g
Cholesterin:	66 mg
Natrium:	378 mg
Kalzium:	104 mg
Vitamin A:	0,057 mg
Vitamin E:	0,2 mg
Purin:	14 mg
Vitamin C:	0 mg

Mandel-Schinken-Aufstrich

5 Portionen

1. Die geschälten Mandeln in der Mandelmühle mahlen oder im Geschäft mahlen lassen.
2. Den Schinken fein schneiden oder hacken.
3. Den Frischkäse mit Crème fraîche verrühren und mit allen Gewürzen abschmecken. Die Mandeln und den Schinken darunter rühren.

Tipp:

Dieser Aufstrich passt gut zu allen Weißbrotarten. Wer es gerne ein bisschen süß mag, der rührt 3 – 4 Tropfen Honig darunter.

Wenn man Fett sparen will, verwendet man Frischkäse light.

50 g geschälte Mandeln
2 Becher Frischkäse (ca. 125 g), 65 % F. i. T.
1 EL Crème fraîche
50 g gekochter Schinken
frisch gemahlener, weißer Pfeffer
1 Prise gemahlenes Zitronengras
1 Prise Salz

Nährwerte pro Portion (50 g):	
Energie:	169 kcal / 708 kJ
Eiweiß:	7,3 g
Fett:	14,2 g
Kohlenhydrate:	1,7 g
Broteinheiten:	0,15
Ballaststoffe:	1,4 g
Cholesterin:	31 mg
Natrium:	209 mg
Kalzium:	53 mg
Vitamin A:	0,079 mg
Vitamin E:	2,7 mg
Purin:	5 mg
Vitamin C:	0 mg

Curry-Ei-Aufstrich

11 Portionen

5 Eier
3 EL Mayonnaise 25 % Fett (45 g)
1 – 2 kleine, gekochte Kartoffeln (100 g)
3 kleine Kapern
2 kleine, süß-saure Gewürzgurken
1/2 grüner Paprika
Sardellenpaste
1 Msp. Curry
1 Prise Salz
1 Prise Zitronenpfeffer
1 kleine Knoblauchzehe
1 KL Senf

Dekoration:

50 g Cocktailtomaten
1 EL Schnittlauch, frisch

Nährwerte pro Portion (50 g):	
Energie:	54 kcal / 233 kJ
Eiweiß:	3,9 g
Fett:	3 g
Kohlenhydrate:	2,1 g
Broteinheiten:	0,19
Ballaststoffe:	0,4 g
Cholesterin:	108 mg
Natrium:	55 mg
Kalzium:	19 mg
Vitamin A:	0,068 mg
Vitamin E:	0,3 mg
Purin:	3 mg
Vitamin C:	12 mg

1. Die Eier hart kochen (8 – 10 Minuten) und kalt abschrecken. Die Kartoffeln kochen und auskühlen lassen. Eier und Kartoffeln schälen und durch die feine Scheibe des Fleischwolfes drehen. Mit Mayonnaise binden.
2. Die Kapern und die kleinen Gewürzgurken ganz fein hacken. (Bei Bedarf die Gewürzgurken schälen).
3. Paprika entkernen, abspülen, abtupfen und sehr fein hacken.
4. Mit allen Gewürzen gut abschmecken. Zuletzt die gepresste Knoblauchzehe darunter heben.

Dekorationsvorschlag:

Jedes einzelne Sandwich mit halbierten, kleinen Kirschtomaten (Cocktail-) belegen und mit gehacktem Schnittlauch bestreuen.

Tipp:

Knoblauch treibt im Frühjahr oft aus. Man sollte diese grünen Triebe wegschneiden, da sie den Geschmack verfälschen und bitter schmecken.

Hinweis:

Man kann die Kartoffeln auch weglassen.

Ei-Aufstrich

13 Portionen

8 Eier
1 geschälte, süß-saure Gewürzgurke (50 g)
1 kleine Zwiebel (50 g) oder Schalotte
30 g weiche Butter
1 Knoblauchzehe

Gewürze:
1 Prise Muskatnuss
ganz wenig Curry
etwas Salz
frisch gemahlener, weißer Pfeffer
etwas Zitronensaft
1 KL Senf
1 Prise Chilipulver

Nährwerte pro Portion (50 g):	
Energie:	79 kcal / 332 kJ
Eiweiß:	4,9 g
Fett:	5,8 g
Kohlenhydrate:	0,6 g
Broteinheiten:	0,05
Ballaststoffe:	0,2 g
Cholesterin:	153 mg
Natrium:	87 mg
Kalzium:	24 mg
Vitamin A:	0,095 mg
Vitamin E:	0,5 mg
Purin:	2 mg
Vitamin C:	0 mg

1. Die Eier hart kochen, kalt abschrecken, schälen und klein schneiden.
2. Die Eistücke abwechselnd mit den Zwiebelstücken, der Gewürzgurke und dem Knoblauch durch die feine Scheibe des Fleischwolfes drehen.
3. Mit der Butter gut vermengen und mit allen Gewürzen abschmecken.
4. Jede belegte Brotscheibe (Sandwichscheibe) mit Paprikapulver bestreuen.

Dekorationsvorschlag:

Man kann jedes einzelne Sandwich mit einigen Krabben, Kaviar, in feine Streifen geschnittene Sardellen, Oliven, rote und grüne Paprikastreifen oder Schnittlauch dekorieren.

Tipp:

Dieser Aufstrich eignet sich für alle Schwarz- und Weißbrotsorten.

Wer möchte, kann die Gewürzgurken schälen und die Butter weglassen.

Kren-(Meerrettich-) Ei-Aufstrich

8 Portionen

1. Die Eier hart kochen, kalt abschrecken, schälen, etwas zerschneiden, im Messermixer faschieren und in eine Schüssel füllen.
2. Die Zwiebel schälen, halbieren, vierteln, an einer feinen Reibe abreiben und zur Ei-Masse geben.
3. Den Kren schälen, abspülen, ebenfalls fein reiben und der Masse hinzufügen.
4. Die Butter schaumig rühren und mit den Zutaten in der Schüssel fest vermengen. Mit allen Gewürzen pikant abschmecken.

6 Eier
10 – 20 g geriebene Zwiebel
1 kleines Stück Kren (Meerrettich)
30 g weiche Butter
1 Prise Salz
2 – 3 Tropfen Tabasco
1 Prise Zitronenpfeffer

Dekorationsvorschlag:

Die Brotscheiben mit dem Aufstrich bestreichen und mit Schnittlauchröllchen und edelsüßem Paprika bestreuen.

Tipp:

Dazu passt deftiges, dunkles Brot.

Andere Variante:

Statt frischem Kren kann man 1 Msp. Oberskren nehmen. Nach Geschmack noch 1 bis 2 EL Mayonnaise darunter rühren.

Nährwerte pro Portion (50 g):	
Energie:	108 kcal / 450 kJ
Eiweiß:	5,8 g
Fett:	8,3 g
Kohlenhydrate:	0,6 g
Broteinheiten:	0,04
Ballaststoffe:	0,1 g
Cholesterin:	190 mg
Natrium:	63 mg
Kalzium:	29 mg
Vitamin A:	0,126 mg
Vitamin E:	0,6 mg
Purin:	3 mg
Vitamin C:	1 mg

Schinken-Ei-Aufstrich mit Champignons

12 Portionen

8 Eier
120 g gekochter, in Scheiben geschnittener Schinken
2 EL Mayonnaise 50 % Fett, (30 g)
Salz
Chilipulver
Zitronenpfeffer
3 Tropfen Tabasco
2 Tropfen Worcestersoße
Dekoration:
50 g Champignons im Glas
1 EL Schnittlauch, frisch

Nährwerte pro Portion (50 g):	
Energie:	92 kcal / 386 kJ
Eiweiß:	7,3 g
Fett:	6,1 g
Kohlenhydrate:	0,3 g
Broteinheiten:	0,02
Ballaststoffe:	0,1 g
Cholesterin:	168 mg
Natrium:	163 mg
Kalzium:	24 mg
Vitamin A:	0,090 mg
Vitamin E:	0,5 mg
Purin:	8 mg
Vitamin C:	0 mg

1. Die Eier hart kochen, kalt abschrecken, schälen, halbieren, den Eidotter herausnehmen und durch ein Haarsieb rühren.
2. Das Eiweiß fein hacken.
3. Die Schinkenscheiben halbieren, vierteln und in ganz feine Streifen schneiden.
4. Den passierten Dotter, das geschnittene Eiweiß, die Schinkenstreifen und die Mayonnaise miteinander verrühren.
5. Mit allen Gewürzen abschmecken.

Dekorationsvorschlag:

Ganze oder fein geschnittene, eingelegte Champignonköpfe und Schnittlauchröllchen.

Tipp:

Dieser Aufstrich passt zu Nussbrot ebenso gut wie zu allen Schwarzbrotarten.

Pikanter Tunfisch-Aufstrich

9 Portionen

2 Dosen Tunfisch (150 g)
4 EL Crème fraîche
60 g Gervais 45 % F. i. T.
10 Stk. Kapern
15 g entgrätete Sardellenfilets (aus der Dose), abgetropft
4 – 5 Tropfen Limettensaft
1 Prise Zitronenpfeffer
1 Prise Salz
1 Prise Chiligewürz
1 Msp. Mango Chutney
1 KL milder Senf (süßlich)
1 Msp. gehackte Peperoni

1. Tunfisch und Sardellenfilets abtropfen lassen (das Öl entsorgen) und mit Küchenpapier abtupfen.
2. Butter mit Dotter und Crème fraîche verrühren.
3. Die Tunfischstücke und Sardellenfilets in 1 – 2 Arbeitsgängen im Hackmixer faschieren und unter die Buttermischung rühren.
4. Die Kapern klein hacken und unter die Masse mengen.
5. Mit den Gewürzen abschmecken und alles gut vermengen.

Tipp:

Dieser Aufstrich eignet sich für alle Brotsorten.

Dekorationsvorschlag:

Fein geschnittene Schnittlauchröllchen.

Nährwerte pro Portion (50 g):	
Energie:	125 kcal / 523 kJ
Eiweiß:	8,7 g
Fett:	8,8 g
Kohlenhydrate:	0,9 g
Broteinheiten:	0,08
Ballaststoffe:	0,1 g
Cholesterin:	35 mg
Natrium:	59 mg
Kalzium:	46 mg
Vitamin A:	0,185 mg
Vitamin E:	0,4 mg
Purin:	23 mg
Vitamin C:	1 mg

Tunfisch-Aufstrich

7 Portionen

1 Dose Tunfisch (150 g)
30 g Butter
1/2 roter Paprika
20 g Zwiebel

Gewürze:
2 EL Cognac
2 EL Tomatenketchup
ganz wenig Zitronensaft
1 kleine Prise Zucker
Salz
frisch gemahlener, weißer Pfeffer
einige Tropfen Tabasco
1 Prise Chilipulver

1. Tunfisch auf einem Sieb abtropfen lassen.
2. Die Butter mit dem Mixer weich rühren. Unter ständigem Rühren nach und nach den abgetropften Tunfisch mitmixen und den in kleine Würfel geschnittenen Paprika und die fein gehackte Zwiebel anschließend beigeben.
3. Mit den Gewürzen abschmecken.

Dekorationsvorschlag:

Die belegten Brotschnitten mit gewaschener, klein geschnittener Dille oder Kresse bestreuen.

Tipp:

Für diesen Aufstrich eignet sich Baguette genau so gut wie grobes Vollkornbrot.

Nährwerte pro Portion (50 g):	
Energie:	100 kcal / 420 kJ
Eiweiß:	4,8 g
Fett:	6,5 g
Kohlenhydrate:	1,8 g
Broteinheiten:	0,14
Ballaststoffe:	0,3 g
Cholesterin:	25 mg
Natrium:	58 mg
Kalzium:	13 mg
Vitamin A:	0,153 mg
Vitamin E:	0,6 mg
Purin:	15 mg
Vitamin C:	17 mg

Tunfisch-Creme

10 Portionen

1 Pkg. Cracker
1 Dose Tunfisch in Öl (135 g)
1 Ei, hart gekocht
1 kleine, gehackte Schalotte oder Zwiebel (40 g)
1 TL Zitronensaft
2 EL Mayonnaise 50 % Fett
1 TL gehackte Dille
1 Prise Salz
2 – 3 Tropfen Tabasco
1 Prise Cayennepfeffer

Dekoration:

1 EL Kapern, abgetropft
Paprika, edelsüß
gewaschene, abgetropfte Dillzweige

Nährwerte pro Portion (50 g):

Energie:	100 kcal / 423 kJ
Eiweiß:	5 g
Fett:	4,1 g
Kohlenhydrate:	9,1 g
Broteinheiten:	0,76
Ballaststoffe:	1,1 g
Cholesterin:	32 mg
Natrium:	402 mg
Kalzium:	16 mg
Vitamin A:	0,064 mg
Vitamin E:	1,6 mg
Purin:	16 mg
Vitamin C:	0 mg

1. Den Tunfisch abtropfen lassen und in kleine Stücke zerteilen.
2. Das gekochte Ei schälen und zerhacken.
3. Die Schalotte fein schneiden. Alle Zutaten miteinander vermengen. Mayonnaise, Zitronensaft und Gewürze dazugeben und im Hackmixer zu einer cremigen Masse verarbeiten.
4. Diese Creme in einen Dressiersack füllen und mit einer Stern-Tülle z. B. auf Cracker dressieren.
5. Mit einigen Kapern verzieren, mit Paprika und kleinen Dillstängeln bestreuen.

Variationen:

Statt Mayonnaise kann man auch weiche Butter verwenden.

Weiters ist es auch möglich, eine kleine süß-saure, geschälte, gehackte Gewürzgurke darunter zu mengen.

Tunfisch-Paprika-Aufstrich

10 Portionen

1. Den Tunfisch abtropfen lassen und fein passieren oder im Hackmixer zerkleinern.
2. Die Margarine mit dem Handmixer schaumig rühren und den zerkleinerten Tunfisch dazumengen. Das Tomatenketchup, den Zitronensaft und den Cognac dazugeben und alles gut verrühren. Mit allen Gewürzen pikant abschmecken.
3. Rote und grüne Paprikaschote halbieren, putzen, waschen, abtropfen lassen, sehr fein hacken (in kleine Würfel) und unter die Tunfisch-Creme heben.
4. Mit gehackter Dille oder edelsüßem Paprika dekorieren.

Tipp:

Dieser Aufstrich passt besonders gut zu allen Schwarzbrotsorten.

Fett sparen: Halbfettmargarine verwenden!

150 g Tunfisch, natur (1 Dose)
100 g Margarine oder Butter
1/2 kleine, rote Paprikaschote (gehackt)
1/2 kleine, grüne Paprikaschote (gehackt)
einige Tropfen Zitronensaft
Zwiebel aus der Zwiebelmühle
2 EL Tomatenketchup
1 Prise Salz
1 Prise Zitronenpfeffer
1 EL Cognac

Dekoration:
frisches Dillkraut

Nährwerte pro Portion (50 g):	
Energie:	123 kcal / 514 kJ
Eiweiß:	3,6 g
Fett:	10 g
Kohlenhydrate:	1,4 g
Broteinheiten:	0,12
Ballaststoffe:	0,3 g
Cholesterin:	14 mg
Natrium:	72 mg
Kalzium:	10 mg
Vitamin A:	0,155 mg
Vitamin E:	1,4 mg
Purin:	10 mg
Vitamin C:	23 mg

Tunfisch-Topfen (-Quark)

7 Portionen

1 Dose Tunfisch (150 g)
30 – 50 g weiche Butter
150 g Topfen (Quark), 20 % F. i. T.
1 Prise Salz
frisch gemahlener, weißer Pfeffer
1 Prise Curry
einige Tropfen Tabasco
einige Tropfen Zitronensaft

Nährwerte pro Portion (50 g):	
Energie:	128 kcal / 538 kJ
Eiweiß:	7,1 g
Fett:	10 g
Kohlenhydrate:	0,8 g
Broteinheiten:	0,07
Ballaststoffe:	0 g
Cholesterin:	36 mg
Natrium:	45 mg
Kalzium:	36 mg
Vitamin A:	0,147 mg
Vitamin E:	0,4 mg
Purin:	13 mg
Vitamin C:	0 mg

1. Tunfisch abtropfen lassen (das Öl entsorgen), auf Küchenpapier legen und in Stücke zerteilen.
2. Die Butter mit dem Mixer in einer Plastikschüssel rühren. Tunfisch und Topfen dazugeben und alles miteinander zu einer cremigen Masse verrühren.
3. Mit Salz, Pfeffer, Curry, Tabasco und Zitronensaft abschmecken.

Dekorationsvorschlag:

Schnittlauchröllchen und edelsüßer Paprika.

Tipp:

Nach Geschmack die Sandwichs mit feinst gehackten Zwiebelstücken bestreuen.

Sardellen-Tunfisch-Aufstrich

5 Portionen

30 g entgrätete Sardellen (Anchovis)
1 Dose Tunfisch in Öl (Abtropfgewicht 150 g)
1 Schalotte (30 g)
1 EL Limettensaft
Salz
1 Prise Zitronenpfeffer
1 – 2 Tropfen Tabasco
1 Prise Chiligewürz
1 Msp. Sambal Oelek
2 EL Mayonnaise 25 % Fett, (30 g)

1. Tunfisch und Sardellen auf einem Sieb abtropfen lassen (das Öl entsorgen) und etwas zerkleinern.
2. Von der Schalotte die Haut abziehen und diese fein hacken.
3. Alle Zutaten in den Aufsatz einer Küchenmaschine geben und mit Druck fein pürieren. Mit Mayonnaise und den Gewürzen abschmecken.

Tipp:

Dieser pikante Aufstrich eignet sich besonders gut für körniges, grobes Bauernbrot.

Wer möchte, kann etwas weiche Butter darunter rühren.

Variante:

Man kann auch grätenfreie Sardellen mit Kapern (Dose) verwenden.

Hinweis:

Wer den Geschmack von Sambal Oelek nicht mag, der kann zerdrückte Knoblauchzehen nehmen.

Nährwerte pro Portion (50 g):	
Energie:	88 kcal / 366 kJ
Eiweiß:	8 g
Fett:	4,6 g
Kohlenhydrate:	1,6 g
Broteinheiten:	0,13
Ballaststoffe:	0 g
Cholesterin:	22 mg
Natrium:	20 mg
Kalzium:	19 mg
Vitamin A:	0,123 mg
Vitamin E:	0,2 mg
Purin:	28 mg
Vitamin C:	2 mg

Forellenschaum auf Käse-Cracker

10 Portionen

1 Pkg. Cracker (50 Stk.)
1 Pkg. Räucherforellen (2 Stk. ca. 220 g)
1 Becher Crème fraîche (150 g)
1 EL Cognac
etwas geriebene Zitronenschale einer unbehandelten Zitrone oder auch geriebener Ingwer
frisch gemahlener, weißer Pfeffer
1 Prise Zucker
1 kl Prise Salz
einige Tropfen Sojasoße (süß)

Dekoration:
20 g echter Kaviar

Nährwerte pro Portion (50 g):	
Energie:	164 kcal / 687 kJ
Eiweiß:	9,7 g
Fett:	8,3 g
Kohlenhydrate:	9,4 g
Broteinheiten:	0,79
Ballaststoffe:	1 g
Cholesterin:	48 mg
Natrium:	185 mg
Kalzium:	23 mg
Vitamin A:	0,085 mg
Vitamin E:	0,5 mg
Purin:	56 mg
Vitamin C:	1 mg

1. Von den beiden Räucherforellen die Haut ablösen, die Forellen sorgfältig teilen und die Gräten entfernen.
2. In einem Plastikgefäß Crème fraîche und die grätenfreien Forellenfilets mit dem Messermixer pürieren.
3. Mit Cognac, ganz wenig geriebener Zitronenschale, Pfeffer, Zucker, Salz und Sojasoße abschmecken.
4. Forellencreme auf die Cracker streichen (nicht zu dünn) oder mit dem Dressiersack mit breiter Tülle dressieren.

Dekorationsvorschlag:

Echter schwarzer Kaviar oder auch Ersatzkaviar.

Statt Kaviar kann auch mit roten Pfefferkörnern dekoriert werden.

Eventuell die Cracker dünn mit Butter bestreichen.

Heringsbutter-Aufstrich

2 entgrätete Heringsfilets, nach Matjes-Art (ca. 125 g)
100 g weiche Butter
1 – 2 EL Magertopfen (-quark), (30 g)
1 Schalotte (30 g)
2 kl. süß-saure Gewürzgurken oder einige Scheiben Sandwichgurken
1 hart gekochtes, gehacktes Ei
1 EL Tomatenketchup
1 Prise Curry
1 Prise gemahlener Ingwer
1 Prise Zitronenpfeffer
1 Prise Cayennepfeffer
etwas getrocknete oder frische Dillspitzen

Zur Dekoration:
1 EL Schnittlauchröllchen

Nährwerte pro Portion (50 g):	
Energie:	170 kcal / 710 kJ
Eiweiß:	5,1 g
Fett:	15,4 g
Kohlenhydrate:	1,5 g
Broteinheiten:	0,13
Ballaststoffe:	0,2 g
Cholesterin:	88 mg
Natrium:	660 mg
Kalzium:	29 mg
Vitamin A:	0,126 mg
Vitamin E:	0,8 mg
Purin:	16 mg
Vitamin C:	1 mg

7 Portionen

1. Die entgräteten, abgetropften Heringsfilets mit Küchenpapier abtupfen, etwas zerkleinern und im Fleischwolf oder im Hackmixer faschieren. Dabei entsteht eine Art Heringscreme.
2. Die Gewürzgurken schälen (je nach Geschmack) und in kleine Würfel schneiden.
3. Die Schalotte sehr fein hacken.
4. Die Butter flaumig abtreiben und mit dem Topfen verrühren. Mit einem Holzlöffel die Heringsmasse, die gehackte Schalotte, das gehackte Ei und die in Würfel geschnittenen Gewürzgurken darunter rühren.
5. Mit allen Gewürzen gut abschmecken. Salzen ist nicht nötig, da die Heringe schon gesalzen sind.

Dekorationsvorschlag: Mit Schnittlauchröllchen oder fein geschnittenen, roten Paprikastreifen bestreuen.

Tipp: Dieser pikante Aufstrich passt besonders gut zu Toastbrot, zu allen Weißbrotarten und zu Knäckebrot.

Hinweis: Werden die Heringe im Aufsatz einer Küchenmaschine faschiert, kann die weiche Butter gleich dazugegeben werden.

Den fertigen Aufstrich umgehend in eine Glasschale umfüllen. Die verwendeten Küchengeräte sofort heiß mit etwas Spülmittel abwaschen, denn der Geruch und Geschmack des Herings sind sonst sehr schwer herauszubekommen.

Forellen-Aufstrich

7 Portionen

1. Topfen mit dem Mixer verrühren.
2. Forellenfilets aus der Packung nehmen, eventuell noch vorhandene Gräten mit der Fischpinzette entfernen.
3. Forellenfilets in Stücke schneiden, mit der Topfenmasse vermengen und mit dem Mixer verrühren.
4. Mit allen Gewürzen abschmecken.

Dekorationsvorschlag:

Entkernte, gewaschene, halbierte Trauben, Kresse, Schnittlauch oder Dille.

Tipp:

Dieser Aufstrich eignet sich besonders gut für alle Weißbrotarten.

1 Pkg. geräucherte Forellenfilets, ohne Haut (125 g)
250 g Topfen (Quark), 20 % F. i. T.

Gewürze:
etwas Ingwer
Salz
etwas Chili-Pulver
weißer Pfeffer
1 kleine Prise Zucker
einige Tropfen Zitronensaft
einige Tropfen Tabasco

Nährwerte pro Portion (50 g):	
Energie:	70 kcal / 294 kJ
Eiweiß:	9,6 g
Fett:	2,5 g
Kohlenhydrate:	1,2 g
Broteinheiten:	0,10
Ballaststoffe:	0 g
Cholesterin:	22 mg
Natrium:	24 mg
Kalzium:	45 mg
Vitamin A:	0,053 mg
Vitamin E:	0,1 mg
Purin:	37 mg
Vitamin C:	0 mg

Räucherlachs-Aufstrich

18 Portionen

250 g Räucherlachs
1 TL Zitronensaft
1 Schalotte (70 g)
2 EL Kapern (10 Stk.)
2 süß-saure Gewürzgurken (60 g)
1 Ei
2 Pkg. Doppelrahm-Frischkäse 65 % F. i. T. (je 200 g)
1 Prise Zitronenpfeffer
1 KL franz. Senf
1 Msp. Mango Chutney
1/2 TL Kren (Meerrettich) aus dem Glas

1. Den Räucherlachs etwas zerschneiden und im Hackmixer mit Zitronensaft cremeartig verarbeiten.
2. Schalotte, Kapern und Gewürzgurken sehr fein hacken.
3. Das Ei 10 – 12 Minuten hart kochen, kalt abschrecken, schälen und klein hacken.
4. Frischkäse, Zitronenpfeffer, Kren, Senf und Mango Chutney mit dem Handmixer verrühren.
5. Räucherlachs, Schalotte, Gewürzgurken und Ei mit der Frischkäse-Masse vermengen.
6. Kühl lagern und vor dem Anrichten mit gewaschener, abgetropfter, gehackter Petersilie bestreuen.

Dekorationsvorschlag:

Jedes einzelne Sandwich mit einem Dillfähnchen dekorieren.

Sehr hübsch sieht es aus, wenn die Sandwichs mit hauchdünnen, eingedrehten Zitronenschalen <u>(Zesten)</u> dekoriert werden.

Tipp:

Da der Lachs an sich schon gesalzen ist, ist nur nach Geschmack evtl. etwas nachzusalzen. Bei der Butter verhält es sich genauso. Der Lachs ist meistens etwas fett, sollte der Aufstrich trotzdem dünnflüssig sein, dann sollte eine weiche Butter mit dem Frischkäse verrührt werden.

Wegen des Cholesterins ist es jedoch besser, immer wenig Salz und wenig Fett zu verwenden.

Nährwerte pro Portion (50 g):

Energie:	119 kcal / 496 kJ
Eiweiß:	7,6 g
Fett:	8,4 g
Kohlenhydrate:	1,9 g
Broteinheiten:	0,16
Ballaststoffe:	0,2 g
Cholesterin:	35 mg
Natrium:	129 mg
Kalzium:	36 mg
Vitamin A:	0,076 mg
Vitamin E:	0,3 mg
Purin:	12 mg
Vitamin C:	0 mg

Sardinen-Aufstrich

6 Portionen

1 Dose grätenfreie Sardinen in Öl (90 g Abtropfgewicht)
50 g Margarine oder Butter
1 Schalotte (50 g)
1 süß-saure Gewürzgurke (30 g)
einige Tropfen Zitronensaft
frisch gemahlener Pfeffer
1 Prise Salz
1 TL süße Sojasoße
1 EL mildes Tomatenketchup · 1 EL Cognac
2 Tropfen Tabasco
1 Prise Cayennepfeffer

Nährwerte pro Portion (50 g):	
Energie:	127 kcal / 532 kJ
Eiweiß:	2,8 g
Fett:	10,6 g
Kohlenhydrate:	2,2 g
Broteinheiten:	0,18
Ballaststoffe:	0,2 g
Cholesterin:	4 mg
Natrium:	469 mg
Kalzium:	19 mg
Vitamin A:	0,06 mg
Vitamin E:	2,3 mg
Purin:	16 mg
Vitamin C:	1 mg

1. Die Sardinen auf einem Sieb abtropfen lassen (das Öl entsorgen) und auf Küchenpapier vom Öl ausziehen lassen.
2. Margarine und Sardinen in einen Messermixer (Cutter) füllen.
3. Gewürzgurke und Schalotte schälen, klein schneiden und ebenfalls in den Messermixer geben. Alles zu einer glatten Masse verarbeiten. In ein Gefäß umfüllen.
4. Mit Zitronensaft, Cognac, Sojasoße und dem Tomatenketchup verfeinern. Mit den restlichen Gewürzen abschmecken.

Tipp:

Dieser feine Brotaufstrich eignet sich für alle Schwarz- und Weißbrotarten.

Echtlachs-Aufstrich

6 Portionen

1. Den Lachs klein schneiden und im Hackmixer faschieren.
2. Crème fraîche, Frischrahmkäse und Kren mit dem Handmixer fest verrühren. Den faschierten Lachs zugeben, mit den Gewürzen (Zitronenpfeffer, Ingwer und Salz) abschmecken und mit dem Handmixer noch einmal kurz durchmixen.

Dekorationsvorschlag:

Jedes einzelne belegte Sandwich mit einem Dillfähnchen dekorieren.

Tipp:

Dieser köstliche Aufstrich eignet sich für alle Brotarten.

3 Scheiben Lachs (75 g)
1/2 Becher Crème fraîche (75 g)
1 Pkg. Frischrahmkäse 45 % F. i. T., (125 g)
1 kl. Stück frisch geriebener Kren (Meerrettich) oder 1/2 TL aus dem Glas
1 kleine Prise Salz
1 Prise Zitronenpfeffer
1 kl. Prise gemahlener Ingwer

Nährwerte pro Portion (50 g):	
Energie:	106 kcal / 446 kJ
Eiweiß:	5,1 g
Fett:	8,8 g
Kohlenhydrate:	0,5 g
Broteinheiten:	0,04
Ballaststoffe:	0 g
Cholesterin:	29 mg
Natrium:	67 mg
Kalzium:	68 mg
Vitamin A:	0,118 mg
Vitamin E:	0,4 mg
Purin:	8 mg
Vitamin C:	0 mg

2 mittelgroße Kartoffeln (ca. 120 g) · 1 EL eingelegte Sandwichgurkenscheiben (= 3 – 4 dicke Gurkenscheiben)
1/2 Zwiebel (30 g)
40 g weiche Butter
1 kl. Pkg. Lachsersatz (Scheiben in Öl, ca. 75 g)
etwas Zitronensaft
1 kl. eingelegte Tomate (abgetropft)
2 EL Mayonnaise 50 % Fett, (30 g)

Gewürze:

1 Prise Zitronenpfeffer
2 Tropfen Tabasco
1 Prise ganzer Kümmel zum Kochen der Kartoffeln
1 kl. Prise Chinagewürz
1 EL gehackte Petersilie
1 KL gehackte Dille

Dekoration:

1 Ei, hart gekocht

Nährwerte pro Portion (50 g):	
Energie:	85 kcal / 362 kJ
Eiweiß:	3,3 g
Fett:	6,2 g
Kohlenhydrate:	3 g
Broteinheiten:	0,24
Ballaststoffe:	0,6 g
Cholesterin:	47 mg
Natrium:	51 mg
Kalzium:	16 mg
Vitamin A:	0,073 mg
Vitamin E:	0,3 mg
Purin:	6 mg
Vitamin C:	3 mg

Lachs-Aufstrich (Lachsersatz)

8 Portionen

1. Die Kartoffeln waschen, mit der Schale unter Beigabe von Kümmel weich kochen, noch heiß schälen, durch ein feines Haarsieb streichen und erst dann abkühlen lassen.
2. Die Seelachsscheiben abtropfen lassen (das Öl entsorgen), auf Küchenpapier legen, abtupfen und in Streifen schneiden.
3. Die Butter mit dem Mixer schaumig rühren und den Zitronensaft beigeben.
4. Die Seelachsscheiben mit den ausgekühlten Kartoffeln und der abgetropften und zerkleinerten Tomate im Hackmixer faschieren.
5. Die Mayonnaise mit der Butter verrühren, die Lachs-Kartoffel-Masse darunter rühren.
6. Die Zwiebel schälen, vierteln und sehr fein hacken.
7. Die Sandwichgurkenscheiben abtropfen lassen, klein hacken und mit der gehackten Zwiebel unter die Lachs-Kartoffel-Masse rühren.
8. Mit Zitronenpfeffer, Chinagewürz, gehackter Petersilie, Tabasco und Dille pikant würzen.

Dekorationsvorschlag:

Das Ei hart kochen, klein hacken, mit edelsüßem Paprika bestauben und auf den Sandwichs verteilen.

Tipp:

Der Lachsersatz (Seelachsscheiben) ist bereits gesalzen, es erübrigt sich daher das Salz.

Liptauer-Aufstrich

8 Portionen

1. Butter und Topfen mit dem Mixer schaumig rühren. Sauerrahm, Zitronensaft und Senf dazugeben und alles zu einer cremigen Substanz verarbeiten.
2. Die Schalotte schälen, waschen und sehr fein hacken.
3. Die Kapern klein schneiden.
4. Die Sardellen durch ein Sieb drücken (oder ganz fein hacken).
5. Die Gewürzgurken in ganz kleine Würfel schneiden.
6. Alle Zutaten miteinander vermengen und mit den Gewürzen pikant abschmecken.
7. Den Aufstrich bergartig auf einer runden Platte platzieren und mit Paprika bestreuen. Mit kleinen Salzbrezeln und gewaschenen, abgetropften Paprikastreifen, Kapern oder Radieschenscheiben dekorieren.

250 g Topfen (Quark), 20 %
80 g weiche Butter
1 Schalotte (40 g)
1 EL Sauerrahm (saure Sahne)
etwas Zitronensaft
1 KL milder Senf
8 g entgrätete Sardellen aus der Dose (2 Stk.)
6 – 8 gehackte Kapern
1 – 2 kl. süß-saure Gewürzgurken (geschält)
1 Prise Salz
1 Prise Kümmel
1/2 TL edelsüßer Paprika
3 – 4 Tropfen Tabasco

Dekoration:
Paprika, edelsüß
Salzbrezeln, Paprikastreifen, Radieschenscheiben

Nährwerte pro Portion (50 g):	
Energie:	121 kcal / 508 kJ
Eiweiß:	3,9 g
Fett:	10 g
Kohlenhydrate:	2,6 g
Broteinheiten:	0,22
Ballaststoffe:	0,2 g
Cholesterin:	30 mg
Natrium:	70 mg
Kalzium:	51 mg
Vitamin A:	0,094 mg
Vitamin E:	0,3 mg
Purin:	2 mg
Vitamin C:	0 mg

Krabben-Belag

10 Portionen

1 Dose Krabben (Shrimps), (180 g)
200 g Topfen (Quark), 20 % F. i. T.
30 g Zwiebel
1 EL Erdnuss- oder Pflanzenöl
2 EL Cognac
einige Tropfen Zitronensaft
1 große Knoblauchzehe
2 EL Schlagobers (-sahne)
1 Msp. Curry
1 Prise Salz
frisch gemahlener Pfeffer

Nährwerte pro Portion (50 g):	
Energie:	69 kcal / 289 kJ
Eiweiß:	5,7 g
Fett:	3,4 g
Kohlenhydrate:	1,4 g
Broteinheiten:	0,11
Ballaststoffe:	0,1 g
Cholesterin:	39 mg
Natrium:	34 mg
Kalzium:	43 mg
Vitamin A:	0,035 mg
Vitamin E:	1,4 mg
Purin:	5 mg
Vitamin C:	0 mg

1. Die Krabben abtropfen lassen und auf Küchenpapier legen.
2. Die Zwiebel klein schneiden und den Knoblauch pressen.
3. Die Zwiebelstücke in Öl goldgelb anrösten, dann die Krabben und den gepressten Knoblauch dazugeben und kurz anbraten lassen.
4. Mit Schlagobers und Cognac aufgießen und gut einreduzieren lassen, bis keine Flüssigkeit mehr vorhanden ist. Dann vom Herd nehmen, abkühlen lassen und mit Curry, Zitronensaft, Salz und Pfeffer würzen.
5. Den Topfen glatt rühren. Die Krabben-Mischung darunter rühren und eventuell noch mit etwas Curry nachwürzen.

Dekorationsvorschlag:

Fein gehackte Paprikaschote oder Paprikapulver edelsüß.

Tipp:

Dieser feine Belag eignet sich sowohl für Weiß- als auch für Nussbrot.

Tofu-Zwiebel-Aufstrich

5 Portionen

200 g Tofu, natur
1 EL Nussöl
1 EL Olivenöl
1 ML süße Sojasoße
1 TL Zitronensaft
1 Prise Zucker
1 Schalotte (30 g)
2 gepresste Knoblauchzehen
1 Prise frisch gemahlener Ingwer
1 Prise Salz
1 Prise Curry

1. Tofu durch ein feines Haarsieb passieren und mit Nuss-, Olivenöl und Sojasoße zu einer cremeartigen Masse vermengen.
2. Zitronensaft, Zucker, Salz, Knoblauchzehen, Ingwer und Curry darunter rühren.
3. Zum Schluss die Schalotte sehr fein hacken und darunter mischen.

Dekorationsvorschlag:

Gewaschene, gehackte Petersilienblätter oder Kresse.

Nährwerte pro Portion (50 g):	
Energie:	80 kcal / 329 kJ
Eiweiß:	3,5 g
Fett:	5,8 g
Kohlenhydrate:	2,8 g
Broteinheiten:	0,23
Ballaststoffe:	0,3 g
Cholesterin:	0 mg
Natrium:	5 mg
Kalzium:	57 mg
Vitamin A:	0,003 mg
Vitamin E:	0,6 mg
Purin:	9 mg
Vitamin C:	0 mg

Tofu-Aufstrich mit Sesamkörnern

6 Portionen

2 Würfel Tofu, natur (200 g)
1 TL Zitronensaft
1 kl. Schalotte (30 g)
1 EL Sauerrahm (saure Sahne)
2 EL Sojasoße
1 EL mex. Gewürz- oder Olivenöl
1 – 2 kl. Knoblauchzehen
1 Prise Salz
frisch gemahlener Pfeffer
1 EL Sesamkörner

1. Die Schalotte sehr fein hacken. Den Knoblauch schälen und pressen.
2. Den Tofu abtropfen lassen, durch ein feines Haarsieb streichen und in eine Schüssel füllen.
3. Den Sauerrahm, das Öl, die Sojasoße und den Zitronensaft dazugeben und mit dem Mixer zu einer cremigen Masse verrühren.
4. Schalotte, Knoblauch und Sesamkörner mit dem Kochlöffel darunter rühren. Mit allen Gewürzen kräftig abschmecken.

Tipp:

Dieser Aufstrich eignet sich besonders gut für Schwarzbrot.

Noch feiner im Geschmack ist dieser Aufstrich mit geräuchertem Tofu.

Variante:

Den fertigen Tofu-Aufstrich mit etwas abgeriebener Zitronenschale einer unbehandelten Zitrone verfeinern.

Nährwerte pro Portion (50 g):	
Energie:	68 kcal / 284 kJ
Eiweiß:	3,5 g
Fett:	5 g
Kohlenhydrate:	1,8 g
Broteinheiten:	0,14
Ballaststoffe:	0,4 g
Cholesterin:	2 mg
Natrium:	185 mg
Kalzium:	69 mg
Vitamin A:	0,007 mg
Vitamin E:	0,5 mg
Purin:	9 mg
Vitamin C:	0 mg

Tofu-Creme mit Kräutern

11 Portionen

200 g Tofu, natur
200 g Gervais mit Kräutern 45 % F. i. T.
Saft einer halben Limette
100 g weiche Butter
1 kl. Stück Ingwer
1 Prise Salz
1 kl. Prise Zucker (Geschmacksträger)
Prise Zitronenpfeffer
4 Tropfen Sojasoße
je 1/2 TL gehackte Kräuter nach Jahreszeit z. B. gehackte Kresse, Schnittlauch, Basilikumblätter, gehackt oder Oregano

Nährwerte pro Portion (50 g):	
Energie:	106 kcal / 443 kJ
Eiweiß:	3,6 g
Fett:	9,8 g
Kohlenhydrate:	0,3 g
Broteinheiten:	0,03
Ballaststoffe:	0,1 g
Cholesterin:	27 mg
Natrium:	44 mg
Kalzium:	76 mg
Vitamin A:	0,114 mg
Vitamin E:	0,5 mg
Purin:	3 mg
Vitamin C:	1 mg

1. Die Butter schaumig rühren und mit dem Frischkäse fest verrühren.
2. Tofu abtropfen lassen und im Hackmixer zu einer cremigen Substanz verarbeiten.
3. Ingwer reiben und mit der Butter-Frischkäse-Tofu-Masse in eine Schüssel geben und verrühren.
4. Den Limettensaft, Salz, Zucker, Zitronenpfeffer und Sojasoße darunter mischen.
5. Die Kräuter je nach Jahreszeit und Geschmack abspülen, abtropfen lassen (evtl. trocken schleudern), hacken und unter die Tofu-Creme heben.

Ricotta-Aufstrich

8 Portionen

1 Pkg. Mozzarella (ca. 200 g)
1 Pkg. Ricotta 45 % F. i. T. (200 g)
1 kl. Dose grätenfreie Sardellen (15 g)
frische Basilikumblätter
Salz
frisch gemahlener Pfeffer
einige Tropfen Zitronensaft
einige Tropfen Schlagobers (-sahne)

1. Mozzarella in kleine Würfel schneiden.
2. Ricotta durch ein Sieb streichen und mit einigen Tropfen Schlagobers verrühren. Die Sardellen in ganz kleine, feine Streifen schneiden.
3. Die frischen Basilikumblätter fein hacken.
4. Alles miteinander vermengen und mit den Gewürzen abschmecken.

Dekorationsvorschlag:

In Öl eingelegte, getrocknete Tomaten abtropfen lassen und in feine Streifen schneiden. Damit den Aufstrich dekorieren.

Nährwerte pro Portion (50 g):	
Energie:	102 kcal / 426 kJ
Eiweiß:	8 g
Fett:	7 g
Kohlenhydrate:	0,6 g
Broteinheiten:	0,05
Ballaststoffe:	0 g
Cholesterin:	20 mg
Natrium:	158 mg
Kalzium:	158 mg
Vitamin A:	0,141 mg
Vitamin E:	0,3 mg
Purin:	4 mg
Vitamin C:	0 mg

Mascarpone-Knoblauch-Creme

6 Portionen

250 g Mascarpone
1/2 EL Gewürz- oder Nussöl
gehackte Basilikumblätter
1 Prise Salz
1 Prise Zitronenpfeffer
1 Prise 5-Kräuter-Mischung
3 kleine Knoblauchzehen
1 Prise Chilipulver

1. Mascarpone aus der Packung nehmen, dabei die vorhandene Flüssigkeit abgießen. Mascarpone klein schneiden und in ein Gefäß füllen.
2. Basilikumblätter kalt abbrausen, abtropfen lassen, klein hacken und mit Öl und gepresstem Knoblauch zu der Mascarpone-Masse mengen.
3. Alles gut durchmischen und mit Salz, Zitronenpfeffer, 5-Kräuter-Mischung und Chilipulver abschmecken.

Dekorationsvorschlag:

2 EL gehackte Walnüsse, 1/2 roter, klein gehackter Paprika oder frische, geschälte, klein geschnittene Feigen.

Nährwerte pro Portion (50 g):	
Energie:	161 kcal / 675 kJ
Eiweiß:	4,8 g
Fett:	14,2 g
Kohlenhydrate:	1,9 g
Broteinheiten:	0,16
Ballaststoffe:	0 g
Cholesterin:	43 mg
Natrium:	169 mg
Kalzium:	43 mg
Vitamin A:	0,173 mg
Vitamin E:	0,4 mg
Purin:	0 mg
Vitamin C:	0 mg

Blauschimmelkäse-Creme mit Weintrauben

15 Portionen

100 g Blauschimmelkäse (Gorgonzola)
200 g Frischrahmkäse 65 % F. i. T.
1 Prise Salz
etwas gemahlener Ingwer
ganz wenig Peperoni
einige Tropfen Tabasco
1 Msp. Sambal Manis
1 Pkg. Cracker (50 Stk.)
250 g Weintrauben

1. Den Blauschimmelkäse und den Frischkäse verrühren und durch ein Sieb streichen. Alles dann zu einer glatten Masse verrühren. Mit allen Gewürzen abschmecken.
2. Die Käsecreme in einen Dressiersack (große Sterntülle) füllen und die Cracker sternförmig aufdressieren.
3. Weintrauben waschen, abtropfen lassen (große Trauben halbieren) und damit garnieren.

Tipp:

Sollte die Masse zu dick sein, einfach einige Tropfen Sahne oder 1/2 EL Sauerrahm darunter rühren.

Nährwerte pro Portion (50 g):	
Energie:	109 kcal / 460 kJ
Eiweiß:	4 g
Fett:	6,1 g
Kohlenhydrate:	8,9 g
Broteinheiten:	0,75
Ballaststoffe:	1 g
Cholesterin:	18 mg
Natrium:	172 mg
Kalzium:	39 mg
Vitamin A:	0,073 mg
Vitamin E:	0,3 mg
Purin:	8 mg
Vitamin C:	1 mg

Fetakäse-Aufstrich

9 Portionen

200 g Topfen (Quark), 20 % F. i. T.
200 g Fetakäse
1/2 EL gehackte Basilikumblätter
1 EL Schlagobers (-sahne)
1 EL Olivenöl
2 Knoblauchzehen
1 Prise Zitronenpfeffer
1 Prise Salz
1 Prise frischer oder getrockneter Oregano

1. Fetakäse in Stücke schneiden und im Messermixer zerkleinern.
2. Topfen, Olivenöl und Schlagobers dazugeben und alles zu einer glatten Masse verrühren.
3. Die Knoblauchzehen schälen, pressen und mit den gehackten Basilikumblättern und den Gewürzen unter die Feta-Topfen-Mischung heben.

Tipp:

Wer auf seinen Cholesterinspiegel achten muss, sollte 20%igen Topfen nehmen.

Nährwerte pro Portion (50 g):	
Energie:	92 kcal / 387 kJ
Eiweiß:	6,2 g
Fett:	6,9 g
Kohlenhydrate:	1,1 g
Broteinheiten:	0,09
Ballaststoffe:	0 g
Cholesterin:	17 mg
Natrium:	296 mg
Kalzium:	126 mg
Vitamin A:	0,071 mg
Vitamin E:	0,2 mg
Purin:	2 mg
Vitamin C:	0 mg

Schafkäse-Oliven-Aufstrich

7 Portionen

150 g Schafkäse
100 g weiche Butter
1 gehackte Schalotte (60 g)
7 – 8 schwarze oder halb schwarze, halb grüne, ungefüllte Oliven (in Ringe geschnitten für die Garnitur)
1 Prise Salz
frisch gemahlener, weißer Pfeffer
1 Prise gemahlener Kümmel
1 TL frisch gehackter Oregano (oder eingelegter aus dem Glas)
1 EL gehackter Schnittlauch
1 EL gehackte Petersilie
1 Msp. edelsüßer Paprika

1. Den Schafkäse durch ein feines Sieb in eine Schüssel streichen.
2. Die Butter mit dem Handmixer schaumig rühren, den passierten Schafkäse dazugeben und weiterrühren.
3. Die gehackten Kräuter und die fein gehackte Schalotte mit dem Kochlöffel darunter rühren.
4. Mit Kümmel, Salz, Pfeffer und dem edelsüßen Paprika abschmecken. Alles nochmals gut vermischen.
5. Die Oliven in feine Ringe schneiden und die Brote damit garnieren.

Dekorationsvorschlag:

Entkernte, gewaschene, halbierte Trauben, Kresse, Schnittlauchröllchen oder fein gehackte Dille.

Tipp:

Dieser Aufstrich eignet sich für alle Weißbrotsorten.

Nährwerte pro Portion (50 g):	
Energie:	170 kcal / 713 kJ
Eiweiß:	3,3 g
Fett:	15 g
Kohlenhydrate:	3,1 g
Broteinheiten:	0,27
Ballaststoffe:	0,4 g
Cholesterin:	43 mg
Natrium:	181 mg
Kalzium:	92 mg
Vitamin A:	0,156 mg
Vitamin E:	0,5 mg
Purin:	2 mg
Vitamin C:	3 mg

Radieschen-Frischkäse-Aufstrich

6 Portionen

250 g Gervais 45 % F. i. T.
1 EL weiche Butter
3 Radieschen
1 Prise Muskat
frisch gemahlener, weißer Pfeffer
1 Prise Salz

1. Den Frischrahmkäse mit der weichen Butter verrühren.
2. Die Radieschen dünn hobeln und in feine Streifen schneiden.
3. Mit den Gewürzen abschmecken und alles gut miteinander vermengen.
4. Mit Schnittlauchröllchen und Paprika bestreuen.

Tipp:

Dieser Aufstrich eignet sich für alle Brotsorten.

Hinweis:

Statt Gervais kann auch Magertopfen (-quark) verwendet werden.

Nährwerte pro Portion (50 g):	
Energie:	66 kcal / 278 kJ
Eiweiß:	4,8 g
Fett:	4,9 g
Kohlenhydrate:	0,5 g
Broteinheiten:	0,04
Ballaststoffe:	0,1 g
Cholesterin:	18 mg
Natrium:	84 mg
Kalzium:	115 mg
Vitamin A:	0,125 mg
Vitamin E:	0,3 mg
Purin:	0 mg
Vitamin C:	1 mg

Schafkäse-Kräuter-Aufstrich

7 Portionen

200 g Schafkäse
100 g weiche Butter
50 g Zwiebel
1 Prise Salz
1 Prise gemahlener Cayennepfeffer
1 Prise gemahlener Kümmel
1 TL Oregano

Dekoration:
1 EL Schnittlauchröllchen
1 Prise edelsüßer Paprika

1. Den Schafkäse durch ein Sieb streichen.
2. Die Butter schaumig rühren und den passierten Schafkäse dazugeben.
3. Die Zwiebel schälen, fein hacken und zur Schafkäse-Butter-Masse rühren.
4. Mit Salz, Cayennepfeffer, Kümmel und Oregano abschmecken.
5. Mit Schnittlauchröllchen und edelsüßem Paprika dekorieren.

Tipp:

Man kann den gemahlenen Kümmel durch einige Tropfen Tabasco ersetzen.

Nährwerte pro Portion (50 g):	
Energie:	178 kcal / 745 kJ
Eiweiß:	4,2 g
Fett:	16 g
Kohlenhydrate:	2,6 g
Broteinheiten:	0,21
Ballaststoffe:	0,3 g
Cholesterin:	46 mg
Natrium:	204 mg
Kalzium:	115 mg
Vitamin A:	0,157 mg
Vitamin E:	0,5 mg
Purin:	2 mg
Vitamin C:	2 mg

Schafkäse-Kartoffel-Aufstrich

10 Portionen

200 g weicher Schafkäse
1 große, gekochte Kartoffel (150 g)
60 – 80 g Parmesan
40 g weiche Butter
1 Dotter (Eigelb)
1 Prise Salz
Zitronenpfeffer
1 kl. Knoblauchzehe
1 Prise China-Gewürzmischung

1. Den Schafkäse und die Kartoffel durch ein Sieb passieren.
2. Den Parmesan reiben. Die Knoblauchzehe pressen.
3. Den passierten Schafkäse mit der Butter schaumig rühren und dann alle Zutaten beimengen.
4. Mit Salz, Zitronenpfeffer und China-Gewürzmischung abschmecken.

Dekorationsvorschlag:

Kernlose, grüne Oliven, in Scheiben geschnitten.

Tipp:

Dieser Aufstrich eignet sich auch als Fülle für einen Käsestrudel. Die Zutaten reichen für 1 Lage Strudelteig. Der Käsestrudel wird gebacken, aufgeschnitten und warm serviert.

Hinweis:

Bei Verwendung als Aufstrich den Dotter eher weglassen.

Nährwerte pro Portion (50 g):	
Energie:	129 kcal / 541 kJ
Eiweiß:	6,5 g
Fett:	8,8 g
Kohlenhydrate:	4,4 g
Broteinheiten:	0,37
Ballaststoffe:	0,3 g
Cholesterin:	47 mg
Natrium:	220 mg
Kalzium:	186 mg
Vitamin A:	0,103 mg
Vitamin E:	0,3 mg
Purin:	2 mg
Vitamin C:	2 mg

Camembert-Aufstrich

8 Portionen

60 g weiche Butter
1 großer reifer Creme-Camembert (250 g)
3 kl. Frühlingszwiebeln (50 g)
2 EL Cognac
2 EL Crème fraîche
einige Tropfen Zitronensaft
1 Prise gemahlenes Zitronengras
1 Prise gemahlener Cayennepfeffer
1 Prise gemahlener Ingwer (oder frisch geriebener Ingwer)
1 Prise Salz
2 Tropfen Tabasco, rot
1 EL Schnittlauchröllchen

1. Butter, Cognac und Crème fraîche mit dem Handmixer schaumig rühren.
2. Den Camembert behutsam schälen, in Stücke zerschneiden, zu der Cognac-Butter geben und mit dem Mixer weiter kräftig durchmischen.
3. Die Frühlingszwiebeln putzen, waschen, abtropfen lassen, nur den abgeschnittenen unteren Teil der Frühlingszwiebeln in feinste Scheiben schneiden und mit einem Holzlöffel unter die Käsecreme heben.
4. Mit Zitronensaft, Zitronengras, Cayennepfeffer, Ingwer, Salz und Tabasco pikant würzen und abschmecken.
5. Den Schnittlauch kalt abspülen, trocknen, schleudern, in feine Röllchen schneiden und mit der Käsecreme vermengen.
6. In eine schöne Schüssel oder ein Glasgefäß füllen, mit Schnittlauchröllchen und Paprika edelsüß bestreuen.

Nährwerte pro Portion (50 g):	
Energie:	163 kcal / 681 kJ
Eiweiß:	7,4 g
Fett:	12,4 g
Kohlenhydrate:	1,1 g
Broteinheiten:	0,09
Ballaststoffe:	0,3 g
Cholesterin:	36 mg
Natrium:	281 mg
Kalzium:	193 mg
Vitamin A:	0,142 mg
Vitamin E:	0,3 mg
Purin:	2 mg
Vitamin C:	2 mg

Gervais-Aufstrich

6 Portionen

200 g Ricotta Cottage Cheese (oder Ricotta Galbani die feinere Art, 250 g)
1 kl. Pkg. Gervais mit Kräutern (60 g)
1 TL geriebener Parmesan
3 TL Röstzwiebeln (fertig gekauft)
35 g Zwiebel
1 große Knoblauchzehe
2 getrocknete Tomaten (in Öl eingelegt)
1 KL franz. Dijon Senf
4 Tropfen Zitronensaft
3 Tropfen Tabasco
1 Prise Salz
1 Prise gemahlener Cayennepfeffer
1/4 Msp. Sambal Oelek

Dekoration:

1 EL Schnittlauchröllchen
Paprika, edelsüß

Nährwerte pro Portion (50 g):	
Energie:	71 kcal / 295 kJ
Eiweiß:	5,8 g
Fett:	4,4 g
Kohlenhydrate:	1,5 g
Broteinheiten:	0,13
Ballaststoffe:	0,3 g
Cholesterin:	13 mg
Natrium:	193 mg
Kalzium:	46 mg
Vitamin A:	0,049 mg
Vitamin E:	0,1 mg
Purin:	1 mg
Vitamin C:	2 mg

1. Ricotta Cottage Cheese (oder Ricotta Galbani), Gervais, Parmesan, Röstzwiebeln, Zwiebel (grob zerkleinert oder gerieben), Knoblauchzehe (in Scheiben geschnitten oder gepresst) und die in Öl eingelegten, abgetropften Tomaten (etwas zerschnitten) in den Messermixer geben und faschieren.
2. Mit Zitronensaft, Senf und allen angegebenen Gewürzen gut abschmecken.
3. Mit Schnittlauchröllchen und Paprika bestreuen.

Tipp:

Dieser Aufstrich schmeckt besonders gut auf allen Schwarzbrotsorten und derbem Bauernbrot.

Roquefortkäse-Aufstrich

6 Portionen

1. Die weiche Butter mit dem Handmixer schaumig rühren.
2. Roquefortkäse durch ein Sieb streichen und unter die Butter mixen.
3. Mayonnaise, Sambal Oelek, Tabasco, Salz, Cayennepfeffer darunter rühren und alles in einer schönen Schale anrichten.
4. Mit abgetropften, in Scheiben geschnittenen Champignons (die mit Küchenpapier abgetupft werden) und Walnusshälften dekorieren und mit Paprika, edelsüß bestreuen.

100 g weiche Butter
100 g Roquefortkäse
30 g Champignons (aus der Dose)
2 EL Mayonnaise 25 % Fett, (30 g)
30 g Walnusshälften (6 Stk.)
1 Msp. Sambal Oelek
3 Tropfen Tabasco
1 Prise Cayennepfeffer, gemahlen
Salz
Paprika, edelsüß

Nährwerte pro Portion (50 g):	
Energie:	218 kcal / 912 kJ
Eiweiß:	2,9 g
Fett:	21,9 g
Kohlenhydrate:	0,5 g
Broteinheiten:	0,05
Ballaststoffe:	0,2 g
Cholesterin:	59 g
Natrium:	132 mg
Kalzium:	56 mg
Vitamin A:	0,210 mg
Vitamin E:	0,7 mg
Purin:	2 mg
Vitamin C:	0 mg

Avocado-Aufstrich

7 Portionen

2 Avocados
1 TL Zitronensaft
60 g Topfen (Quark) 20 % F. i. T.
3 EL Crème fraîche
1 Prise Salz
1 kl. Prise Zucker
frisch gemahlener, weißer Pfeffer
etwas frisch geriebener Ingwer
etwas geriebener oder gepresster Knoblauch nach Geschmack

1. Die Avocados kalt abwaschen, halbieren, den Kern herausnehmen und die Haut ablösen.
2. Das Avocadofleisch durch ein feines Haarsieb streichen und sofort mit Zitronensaft beträufeln.
3. Topfen und Crème fraîche gut verrühren, das passierte Avocadomus darunter heben. Mit Salz, Zucker, Pfeffer, Ingwer und Knoblauch abschmecken.

Dekorationsvorschlag:

Blaue, entkernte Weintrauben.

Tipp:

Dieser Aufstrich eignet sich besonders für alle Weißbrotarten. Da sich die Avocado verfärbt, ist dieser Aufstrich nur sehr beschränkt haltbar.

Nährwerte pro Portion (50 g):	
Energie:	106 kcal / 443 kJ
Eiweiß:	1,7 g
Fett:	9,6 g
Kohlenhydrate:	2,1 g
Broteinheiten:	0,18
Ballaststoffe:	0,6 g
Cholesterin:	11 mg
Natrium:	33 mg
Kalzium:	18 mg
Vitamin A:	0,033 mg
Vitamin E:	0,8 mg
Purin:	4 mg
Vitamin C:	5 mg

Bärlauch-Aufstrich

7 Portionen

250 g Brimsen
100 g junger Bärlauch
1 Prise Salz
Pfeffer aus der Mühle
1 kräftige Msp. Sambal Manis

1. Bärlauch verlesen, waschen, blanchieren und in Eiswasser legen, evtl. grobe Stiele entfernen.
2. Bärlauch abtropfen lassen, grob hacken und im Aufsatz einer Küchenmaschine fein faschieren.
3. Den Brimsen mit dem Quirl oder Kochlöffel verrühren, den faschierten Bärlauch dazugeben und mit Salz, frisch gemahlenem Pfeffer und Sambal Manis verrühren und abschmecken.

Nährwerte pro Portion (50 g):	
Energie:	51 kcal / 213 kJ
Eiweiß:	4,4 g
Fett:	2,8 g
Kohlenhydrate:	1,9 g
Broteinheiten:	0,16
Ballaststoffe:	0,6 g
Cholesterin:	8 mg
Natrium:	25 mg
Kalzium:	71 mg
Vitamin A:	0,087 mg
Vitamin E:	0,2 mg
Purin:	3 mg
Vitamin C:	25 mg

Tipp:

Dieser wohlschmeckende Aufstrich passt besonders gut zu grobem Brot, dunklem und körnigem Schwarzbrot.

Wer möchte, kann die Masse mit etwas weicher Butter verrühren.

Hinweis:

Bärlauch ist sehr gesund, er gehört zu der Gattung „Lauch“. Er hat einen intensiven Knoblauchgeruch und wächst in großen Massen in feuchten Laubwäldern.

Sonnenblumen-Aufstrich

5 Portionen

3 EL kleine Sonnenblumenkerne (Sunflower Seeds)
200 g Frischkäse mit Kräutern 45 % F. i. T.
1 EL weiche Margarine (oder Butter)
1 EL Olivenöl
etwas Zitronensaft
1 Prise Zitronenpfeffer
1 Prise Salz
1 Prise gemahlenes Chiligewürz
1 größere Knoblauchzehe

Nährwerte pro Portion (50 g):	
Energie:	118 kcal / 493 kJ
Eiweiß:	6,1 g
Fett:	9,8 g
Kohlenhydrate:	0,8 g
Broteinheiten:	0,07
Ballaststoffe:	0,4 g
Cholesterin:	17 mg
Natrium:	50 mg
Kalzium:	115 mg
Vitamin A:	0,120 mg
Vitamin E:	0,8 mg
Purin:	5 mg
Vitamin C:	0 mg

1. Den Frischkäse mit Margarine, Olivenöl und Zitronensaft glatt rühren. Die Knoblauchzehe schälen, pressen und darunter mengen.
2. Mit den Gewürzen abschmecken und die Sonnenblumenkerne darunter mischen.

Variante:

1 Mokkalöffel Honig (flüssig) darunter mischen.

250 g Topfen (Quark), 20 % F. i. T.
20 g weiche Butter
1 mittelgroße Zucchini (ca. 200 g)
3 Sardellenringe (kleinstes Glas, 17 g)
1 gepresste Knoblauchzehe
1 Stk. Zitronenschale einer unbehandelten Zitrone
einige Tropfen Zitronensaft
1 Prise Salz
frisch gemahlener, weißer Pfeffer
5 – 6 Kapern

Dekoration:
Paprikapulver, edelsüß

Nährwerte pro Portion (50 g):	
Energie:	50 kcal / 213 kJ
Eiweiß:	3,6 g
Fett:	3,1 g
Kohlenhydrate:	2 g
Broteinheiten:	0,17
Ballaststoffe:	0,3 g
Cholesterin:	9 mg
Natrium:	14 mg
Kalzium:	43 mg
Vitamin A:	0,038 mg
Vitamin E:	0,2 mg
Purin:	4 mg
Vitamin C:	3 mg

Zucchini-Creme

10 Portionen

1. Die Zucchini waschen, beide Enden abschneiden, klein schneiden und in den Kochtopf leeren.
2. Die Zucchini in wenig gesalzenem Wasser mit dem Stück Zitronenschale einige Minuten leicht kochen lassen. Die Zucchinistücke sollen knackig bleiben und Biss haben. Auf einem Sieb abtropfen lassen und die Zitronenschale entfernen. Anschließend mit Küchenpapier abtupfen.
3. Völlig abgekühlt durch den Fleischwolf drehen. Sollte sich noch Flüssigkeit absetzen, diese weggießen.
4. Sardellenringe sehr fein schneiden.
5. Butter und Topfen mit dem Mixer verrühren. Die gepresste Knoblauchzehe, etwas Zitronensaft, Zucchinistücke, Salz und Pfeffer verrühren. Zum Schluss die Kapern 2- bis 3-mal durchschneiden und mit den fein geschnittenen Sardellenringen unter die Topfenmasse rühren.

Dekorationsvorschlag: Wer es besonders pfiffig machen will, der hackt 2 – 3 Knoblauchzehen klein und bestreut damit die mit Zucchinicreme bestrichenen Brote.

Tipp: Dieser Aufstrich eignet sich für alle Brotsorten. Selbst auf Sesam-Knäckebrot schmeckt er köstlich.

Der Farbe wegen die Zucchinistücke nach dem Kochen kurz in Eiswasser legen. Wer möchte, kann die Zucchini vor der Verarbeitung schälen, da die Schale einen etwas herben Geschmack hat.

Kürbis-Aufstrich

5 Portionen

50 g Kürbiskerne
1 EL Kürbiskernöl
40 g weiche Butter (oder Margarine)
150 g Topfen (Quark), 10 % F. i. T.
Pfeffer aus der Mühle
1 Prise Salz
einige Tropfen Zitronensaft
wenig frisch geriebener Ingwer

1. Topfen, Butter und Kürbiskernöl verrühren.
2. Mit Pfeffer, Salz, etwas Zitronensaft und Ingwer abschmecken.
3. Zuletzt die Kürbiskerne untermengen.

Nährwerte pro Portion (50 g):	
Energie:	165 kcal / 687 kJ
Eiweiß:	6,9 g
Fett:	13,4 g
Kohlenhydrate:	2,3 g
Broteinheiten:	0,18
Ballaststoffe:	0,6 g
Cholesterin:	19 mg
Natrium:	20 mg
Kalzium:	33 mg
Vitamin A:	0,055 mg
Vitamin E:	0,7 mg
Purin:	5 mg
Vitamin C:	0 mg

Gemüse-Aufstrich

6 Portionen

125 g Topfen (Quark), 20 % F. i. T.
40 g weiche Butter
2 EL Crème fraîche
2 Knoblauchzehen, gepresst
einige Tropfen Zitronensaft
1 1/2 EL Erbsen aus der Dose (20 g)
1 EL Mais aus der Dose (20 g)
2 EL eingelegte, in Scheiben geschnittene Champignons (40 g)
1 kleine, fein geschnittene Frühlingszwiebel (25 g)

Gewürze:

1 Prise Chiligewürz
1 Prise China-Gewürzmischung · etwas Salz
1 Prise Zitronenpfeffer

1. Die weiche Butter, den Topfen, den Zitronensaft, die gepressten Knoblauchzehen und Crème fraîche mit dem Mixer gut vermischen.
2. Die Erbsen, den Mais und die Champignonscheiben abtropfen lassen und mit der fein geschnittenen Frühlingszwiebel unter die Topfenmischung heben, mit den Gewürzen pikant abschmecken.

Tipp:

Dieser Aufstrich schmeckt auf allen Brotsorten, egal ob auf Schwarz- oder Weißbrot, gut.

Hinweis:

Wer will, kann die abgetropften Champignonscheiben auch etwas zerhacken.

Nährwerte pro Portion (50 g):	
Energie:	106 kcal / 446 kJ
Eiweiß:	3,1 g
Fett:	8,7 g
Kohlenhydrate:	3 g
Broteinheiten:	0,25
Ballaststoffe:	0,6 g
Cholesterin:	27 mg
Natrium:	42 mg
Kalzium:	32 mg
Vitamin A:	0,081 mg
Vitamin E:	0,4 mg
Purin:	5 mg
Vitamin C:	0 mg

Frühlings-Aufstrich

9 Portionen

250 g Topfen (Quark), 20 % F. i. T.
150 g Crème fraîche
1 große, gepresste Knoblauchzehe
1 Schalotte (50 g)
1 1/2 EL Brunnenkresse (gehackt)
1 Prise Salz
1 Prise Pfeffer
etwas Zitronensaft

1. In einer Rührschüssel Topfen und Crème fraîche glatt rühren.
2. Die Schalotte sehr fein schneiden und unter die Topfen-Crème-fraîche-Masse mengen.
3. Die Kresse mit einer Schere abschneiden, auf ein Sieb legen, kurz abspülen und abtropfen lassen, etwas zerhacken und unter die Topfen-Crème-fraîche-Creme rühren.
4. Mit allen Gewürzen pikant abschmecken, etwas Zitronensaft zufügen und in den Kühlschrank stellen.

Dekorationsvorschlag:

Edelsüßen Paprika und Schnittlauchröllchen auf die bestrichenen Brote streuen.

Tipp:

Dieser Aufstrich eignet sich zu Schwarzbrot, grobem Bauernbrot, Pumpernickel und Weißbrot.

Nährwerte pro Portion (50 g):	
Energie:	108 kcal / 448 kJ
Eiweiß:	3,8 g
Fett:	8,7 g
Kohlenhydrate:	2,7 g
Broteinheiten:	0,22
Ballaststoffe:	0,1 g
Cholesterin:	29 mg
Natrium:	17 mg
Kalzium:	51 mg
Vitamin A:	0,097 mg
Vitamin E:	0,3 mg
Purin:	1 mg
Vitamin C:	1 mg

Paprika-Aufstrich

4 Portionen

1 Pkg. Cottage Cheese 10 % F. i. T. (200 g)
1/2 TL edelsüßer Paprika
1 Prise Pfeffer
1 Prise Salz
1 Prise gemahlener Kümmel

Dekoration:
Schnittlauchröllchen
Paprika, edelsüß

1. Cottage Cheese mit Paprika, Pfeffer, Salz, Kümmel und Senf verrühren.
2. In einer Schüssel oder auf einem Teller bergartig anrichten. Mit Kapern dekorieren und mit Paprika bestreuen.

Dekorationsvorschlag (für Brote):

Jede einzelne Scheibe Brot dick belegen (auch ohne Butter) und mit Kapern, ganz oder gehackt dekorieren und mit Paprika bestreuen.

Tipp:

Dieser Aufstrich eignet sich gut für derbes Schwarzbrot (Bauernbrot).

Wer das Grobkörnige des Cottage Cheese nicht mag, kann diesen passieren.

Nährwerte pro Portion (50 g):	
Energie:	48 kcal / 201 kJ
Eiweiß:	7 g
Fett:	1,5 g
Kohlenhydrate:	1,2 g
Broteinheiten:	0,09
Ballaststoffe:	0,2 g
Cholesterin:	5 mg
Natrium:	200 mg
Kalzium:	52 mg
Vitamin A:	0,078 mg
Vitamin E:	0 mg
Purin:	1 mg
Vitamin C:	1 mg

Basilikum-Aufstrich

6 Portionen

250 g Topfen (Quark), 20 % F. i. T.
2 EL Crème fraîche mit Kräutern
1 TL eingelegtes Basilikum (in Feinkostgeschäften erhältlich) oder frische Basilikumblätter, gehackt
1 Prise Kräutersalz
1 Prise Chilipulver
einige Tropfen Zitronensaft
Paprika, edelsüß zum Bestreuen

1. Topfen mit Crème fraîche und Zitronensaft verrühren.
2. Basilikum unter die Topfen-Creme mischen und mit Salz und Chilipulver abschmecken.
3. Zum Schluss die mit der Topfencreme bestrichenen Sandwich-Scheiben mit Paprika edelsüß bestreuen.

Tipp:

Dieser köstliche Aufstrich eignet sich sowohl für grobkörniges Brot als auch für Weißbrotscheiben (Baguette).

Nährwerte pro Portion (50 g):	
Energie:	81 kcal / 341 kJ
Eiweiß:	3,9 g
Fett:	6,5 g
Kohlenhydrate:	1,4 g
Broteinheiten:	0,12
Ballaststoffe:	0 g
Cholesterin:	20 mg
Natrium:	18 mg
Kalzium:	49 mg
Vitamin A:	0,072 mg
Vitamin E:	0,1 mg
Purin:	0 mg
Vitamin C:	0 mg

Bauerntopfen(-quark)-Aufstrich

250 g Bauerntopfen (-quark), 20 % F. i. T.
75 g Gervais 45 % F. i. T
1 gehäufter EL Crème fraîche mit Kräutern
2 EL Schlagobers (-sahne)
1 KL Senf
1/2 KL Kren (Meerrettich)
20 g Zwiebel
1 kl. gepresste Knoblauchzehe
1 kräftige Prise Salz
1 Prise Curry
1 Prise Kümmel, gemahlen
1 Prise Cayennepfeffer
etwas Zitronensaft
1/4 Stück eines eingelegten, kleinen Kirschen-Pfefferoni
1 EL Schnittlauchröllchen
1 EL gehackte Petersilie

Nährwerte pro Portion (50 g):	
Energie:	70 kcal / 291 kJ
Eiweiß:	4,6 g
Fett:	4,6 g
Kohlenhydrate:	1,9 g
Broteinheiten:	0,15
Ballaststoffe:	0,2 g
Cholesterin:	16 mg
Natrium:	38 mg
Kalzium:	68 mg
Vitamin A:	0,071 mg
Vitamin E:	0,1 mg
Purin:	0 mg
Vitamin C:	1 mg

8 Portionen

1. Bauerntopfen und Gervais mit Schlagobers verrühren und durch ein feines Haarsieb streichen. Danach mit Crème fraîche, Zitronensaft und Kren verrühren.
2. Die Knoblauchzehe schälen und pressen.
3. Zwiebel schälen und klein hacken.
4. Von einem kleinen, eingelegten Kirschen-Pfefferoni 1/4 Stück abschneiden, die Kerne und die Haut entfernen und sehr klein schneiden oder hacken.
5. Alle Zutaten mit dem Aufstrich vermengen. Mit Salz, Curry, Kümmel und Cayennepfeffer pikant abschmecken.
6. Die Schnittlauchröllchen und die gehackte Petersilie dazugeben und alles miteinander gut verrühren.

Tipp:

Dieser würzige Aufstrich ist blitzschnell zubereitet und eignet sich für Knäckebrot, Weißbrot, Toast und kräftiges, dunkles Brot.

Erdnuss-Aufstrich

5 Portionen

4 – 5 EL Erdnusscreme (50 g)
200 g Magertopfen (-quark) oder Frischkäse
1 EL Röstzwiebeln (fertig gekauft)
1/2 – 1 TL Mango Chutney
1 Prise Salz
1 Prise Zitronenpfeffer
1 Prise Chilipulver

Dekoration:
rosa Pfefferkörner oder geröstete Mandelblätter

1. Den Magertopfen (oder Frischkäse) und die Erdnusscreme mit dem Mixer oder einem Holzlöffel verrühren.
2. Die Röstzwiebeln, Mango Chutney und alle Gewürze darunter mengen. Die Masse pikant abschmecken.
3. Die Sandwich-Scheiben mit ganzen rosa Pfefferkörnern (nicht scharf) oder gerösteten Mandelblättern dekorieren.

Variante:

Statt Magertopfen kann man auch Frischkäse ohne Kräuter verwenden, dieses Rezept wurde jedoch mit Magertopfen berechnet.

Nährwerte pro Portion (50 g):	
Energie:	90 kcal / 377 kJ
Eiweiß:	7,8 g
Fett:	5,2 g
Kohlenhydrate:	2,6 g
Broteinheiten:	0,22
Ballaststoffe:	0,8 g
Cholesterin:	0 mg
Natrium:	30 mg
Kalzium:	40 mg
Vitamin A:	0,001 mg
Vitamin E:	0,8 mg
Purin:	2 mg
Vitamin C:	0 mg

Knoblauch-Oliven-Aufstrich

7 Portionen

200 g Topfen (Quark), 20 % F. i. T.
50 g Gervais mit Kräutern, 45 % F. i. T.
1 EL Crème fraîche
2 Knoblauchzehen
8 entkernte, schwarze Oliven (aus dem Glas)
1 kleine, süß-saure Gewürzgurke (30 g)

Gewürze:

1 Prise Salz
frisch gemahlener, weißer Pfeffer
1 TL Cognac
einige Tropfen Worcestersoße
ganz wenig Zitronensaft
etwas frisch geriebener Ingwer

1. Knoblauch schälen, durch die Presse drücken und in eine Plastikrührschüssel geben.
2. Topfen, Gervais und Crème fraîche gut vermischen. Zitronensaft und Cognac darunter mengen.
3. Diese Topfenmasse zum gepressten Knoblauch geben und mit dem Mixer verrühren.
4. Die Oliven und die Gewürzgurke abtropfen lassen, klein schneiden oder hacken und mit der Aufstrichmasse vermischen.
5. Mit den Gewürzen abschmecken.

Dekorationsvorschlag: Oliven halbieren, in feine Streifen schneiden, damit die Brote garnieren und mit edelsüßem Paprika bestreuen.

Tipp: Dieser Aufstrich eignet sich für alle Brotarten.

Variante: Den Knoblauch fein hacken (statt pressen).

Hinweis: Bei allen Topfenaufstrichen ist es wichtig, den Aufstrich möglichst bald nach Fertigstellung zu gebrauchen. Nach längerem Stehen bildet sich etwas Flüssigkeit, die abgegossen werden muss.

Nährwerte pro Portion (50 g):	
Energie:	57 kcal / 237 kJ
Eiweiß:	4,2 g
Fett:	3,5 g
Kohlenhydrate:	1,6 g
Broteinheiten:	0,13
Ballaststoffe:	0,2 g
Cholesterin:	10 mg
Natrium:	98 mg
Kalzium:	49 mg
Vitamin A:	0,044 mg
Vitamin E:	0 mg
Purin:	1 mg
Vitamin C:	0 mg

Kren-(Meerrettich)-Aufstrich

6 Portionen

1. Topfen (Quark) mit der Butter schaumig rühren.
2. Das Jogurt und den Kren beimengen und vermischen.
3. Mit Salz und Pfeffer abschmecken.

250 g Topfen (Quark), 20 % F. i. T.
2 EL Jogurt 1 % Fett
20 g frisch geriebener Kren (Meerrettich)
20 g weiche Butter
Salz
Pfeffer

Tipp:

Den geriebenen Kren sehr schnell verwenden, da sich dieser leicht verfärbt.

Die Krenwurzeln enthalten scharf schmeckende Senföle, sind aber zum Verfeinern vieler Speisen unumgänglich.

Nährwerte pro Portion (50 g):	
Energie:	70 kcal / 292 kJ
Eiweiß:	4,8 g
Fett:	4,5 g
Kohlenhydrate:	1,9 g
Broteinheiten:	0,16
Ballaststoffe:	0,1 g
Cholesterin:	15 mg
Natrium:	20 mg
Kalzium:	54 mg
Vitamin A:	0,072 mg
Vitamin E:	0,2 mg
Purin:	0 mg
Vitamin C:	2 mg

Frühlingszwiebel-Kräuter-Aufstrich

7 Portionen

250 g Topfen (Quark), 20 %
2 EL Crème fraîche
4 kleine Frühlingszwiebeln (80 g)
1 Prise Kräutersalz
2 getrocknete, in Öl eingelegte Tomaten
Pfeffer aus der Mühle
1 TL eingelegtes Basilikum
1 EL gehackte Petersilie
1 EL in Röllchen geschnittener Schnittlauch
einige Tropfen Tabasco
edelsüßer Paprika zum Bestreuen

1. Topfen und Crème fraîche mit dem Mixer cremig rühren.
2. Die Frühlingszwiebeln waschen, mit dem Küchenpapier abtupfen, sehr fein hacken oder schneiden und mit dem Topfen vermengen.
3. Die eingelegten Tomaten abtropfen lassen, mit Küchenpapier abtupfen, in sehr kleine Stücke zerteilen und unter die Topfenmasse mischen.
4. Mit den Gewürzen abschmecken und mit dem edelsüßen Paprikapulver bestreuen.

Dekorationsvorschlag:

Gehackte Nüsse, rote und grüne Paprikawürfel.

Tipp:

Dieser Aufstrich passt besonders gut zu kernigem, dunklem Brot.

Nährwerte pro Portion (50 g):	
Energie:	56 kcal / 240 kJ
Eiweiß:	4,2 g
Fett:	3,4 g
Kohlenhydrate:	2 g
Broteinheiten:	0,16 g
Ballaststoffe:	0,5 g
Cholesterin:	17 mg
Natrium:	16 mg
Kalzium:	53 mg
Vitamin A:	0,081 mg
Vitamin E:	0,1 mg
Purin:	1 mg
Vitamin C:	3 mg

Preiselbeeren-Gervais-Aufstrich

8 Portionen

250 g Gervais, natur 45 % F. i. T.
3 EL Sauerrahm (saure Sahne)
4 EL Preiselbeeren (Kompott), naturrein (50 g)
etwas Limettensaft
etwas frisch geriebener Ingwer
2 EL Grand Marnier
1 Prise Orangenfruchtzucker (natürlich aromatisiert)
1 kleine Prise Zimt
50 g weiße Kuvertüre

1. Gervais und Sauerrahm mit dem Mixer schaumig rühren.
2. Grand Marnier, Limettensaft, Orangenzucker, Zimt und etwas frisch geriebenen Ingwer darunter mischen.
3. Mit einem Ess- oder Kochlöffel das Preiselbeerkompott darunter heben.
4. Die weiße Kuvertüre in einem kleinen Tiegel im Wasserbad schmelzen, leicht abkühlen lassen und anschließend unter die Gervais-Preiselbeeren-Mischung rühren.

Dekorationsvorschlag:

Jede bestrichene Brotscheibe mit Sesamkörner bestreuen.

Tipp:

Sollte der Aufwand der Schmelzung zu groß sein, dann die weiße Kuvertüre auf der feinen Seite des Reibeisens reiben und unter die Mischung heben.

Nährwerte pro Portion (50 g):	
Energie:	113 kcal / 468 kJ
Eiweiß:	4 g
Fett:	5,4 g
Kohlenhydrate	9,1 g
Broteinheiten:	0,77
Ballaststoffe:	0,4 g
Cholesterin:	15 mg
Natrium:	45 mg
Kalzium:	102 mg
Vitamin A:	0,099 mg
Vitamin E:	0,2 mg
Purin:	2 mg
Vitamin C:	1 mg

Kastaniencreme-Aufstrich
für Weißbrot oder Baguette

5 Portionen

125 g tiefgefrorener Kastanienreis
einige Tropfen Zitronensaft
1/2 Pkg. Vanillezucker
1 sehr kleine Prise Salz
60 – 80 g weiche Butter
1 EL Cointreau
2 1/2 TL flüssiger Honig (5 g)

1. Den tiefgefrorenen Kastanienreis aus der Verpackung nehmen und bei Zimmertemperatur auftauen lassen.
2. In der Zwischenzeit die Butter schaumig rühren. Den Vanillezucker, einige Tropfen Zitronensaft, Cointreau, eine winzige Prise Salz und Honig dazugeben und alles gut miteinander vermengen.
3. Den aufgetauten Kastanienreis unter die Buttermischung rühren, bis alles zu einer glatten Creme geworden ist.

Nährwerte pro Portion (50 g):	
Energie:	189 kcal / 789 kJ
Eiweiß:	0,9 g
Fett:	13,7 g
Kohlenhydrate:	12,4 g
Broteinheiten:	1,04
Ballaststoffe	1,7 g
Cholesterin:	38 mg
Natrium:	3 mg
Kalzium:	12 mg
Vitamin A:	0,108 mg
Vitamin E:	0,7 mg
Purin:	0 mg
Vitamin C:	4 mg

Marillen-(Aprikosen)-Creme

9 Portionen

250 g Topfen (Quark), 20 % F. i. T.
100 g getrocknete „Soft-Marillen“ (-Aprikosen)
1 EL Rum
1 Pkg. Vanillezucker
1 EL flüssiger Honig (5 g)
1 Pkg. Gervais, 65 % F. i. T. (125 g)

Dekoration:
Zitronenzesten

1. Die Marillen klein schneiden, mit Rum beträufeln und einige Zeit (mindestens 1/2 Stunde) durchziehen lassen.
2. Topfen, Vanillezucker, Gervais und flüssigen Honig mit dem Mixer (oder dem Schneebesen) verrühren.
3. Die Marillen in den Hackmixer geben und fein pürieren.
4. Die Topfen-Mischung mit den pürierten Marillen verrühren, in einer Glasschale anrichten und mit den Zitronenzesten einer unbehandelten Zitrone, hübsch dekorieren.

Tipp:

Dieser Aufstrich eignet sich besonders gut für Weißbrot.

Nährwerte pro Portion (50 g):	
Energie:	106 kcal / 446 kJ
Eiweiß:	5,5 g
Fett:	4,6 g
Kohlenhydrate:	8,8 g
Broteinheiten:	0,73
Ballaststoffe:	1,2 g
Cholesterin:	15 mg
Natrium:	68 mg
Kalzium:	56 mg
Vitamin A:	0,244 mg
Vitamin E:	0,5 mg
Purin:	4 mg
Vitamin C:	5 mg

Marillen-(Aprikosen)-Aufstrich

7 Portionen

5 getrocknete „Soft-Marillen" (-Aprikosen), (30 g)
1 EL Rum
250 g Topfen (Quark), 20 % F. i. T.
wenig geriebene Zitronenschale von einer gewaschenen Biozitrone
1/2 Pkg. Vanillezucker
3 EL Zucker (30 g)
2 TL geriebene und geröstete Haselnüsse (20 g)
1 EL Crème fraîche, natur

1. Die Marillen klein schneiden oder hacken (so klein wie möglich) und mit Rum bedeckt, einige Zeit stehen lassen.
2. Den Topfen mit geriebener Zitronenschale, Vanillezucker, Zucker und Crème fraîche schaumig rühren. Dann die Haselnüsse darunter mengen.
3. Die klein geschnittenen, eingelegten Marillen gut abtropfen lassen, eventuell kurz mit Küchenpapier vorsichtig abtupfen und unter die Topfen-Masse heben.

Tipp:

Dieser spezielle Aufstrich eignet sich für alle Weißbrotarten.

Nach Geschmack mit weiteren gehackten Aprikosen bestreuen.

Nährwerte pro Portion (50 g):	
Energie:	89 kcal / 368 kJ
Eiweiß:	4,3 g
Fett:	3,3 g
Kohlenhydrate:	8,4 g
Broteinheiten:	0,69
Ballaststoffe:	0,5 g
Cholesterin:	9 mg
Natrium:	15 mg
Kalzium:	48 mg
Vitamin A:	0,116 mg
Vitamin E:	0,5 mg
Purin:	2 mg
Vitamin C:	2 mg